Hablando Con Las Entidades

Talk To The Entities®

Una Invitación a una Posibilidad Totalmente Diferente

Shannon O'Hara

Tercera Edición

© 2014 Shannon O'Hara

Edición : Jesper Nilsson & Dona Haber

Traducción al español: Emilio García & Elena Blanco

Todos los derechos reservados. Este libro no puede ser reproducido parcial o totalmente, o transmitido de ninguna forma o por ningún medio electrónico, mecánico, fotocopiado, grabación u otro, sin permiso por escrito del editor, salvo en el caso de algún crítico que pueda citar breves pasajes en una reseña.

La intención del autor es sólo ofrecer información de naturaleza consciente para ayudarte en tu búsqueda de bienestar emocional y espiritual. En caso de que utilices cualquier parte de esta información para ti, lo cual es tu derecho constitucional, el autor/editor no asumirá responsabilidad alguna por tus acciones.

Si tienes preguntas sobre este libro o solicitudes de pedido, por favor, visita https://talktotheentities.com

ISBN: 978-1-63493-171-7

Impreso por Access Consciousness Publishing, LLC

Reconocimientos

Un gran reconocimiento a Kacie Crisp en Marin County por ayudarme a iniciar este proyecto. Sin ella, quién sabe cuánto tiempo habría tomado esto. Eres una mujer grandiosa y gracias, gracias. Y a todas las demás personas que contribuyeron a este libro para que se convirtiera en lo que es: Liam Phillips, Simone Phillips, Stella Janouris, Heidi Kirkpatrick, Jesper Nilsson, Ryan Gantz, Jason Stahl, Q-Mars Imandel y Dona Haber. Gracias a todos, mis hermosos amigos, hacen de mi vida y de este mundo un mejor lugar.

Y gracias, sobre todo, a Gary Douglas, quien proporcionó la inspiración, las herramientas y la magia que hizo posible no sólo este libro, sino también una vida más allá de esta realidad.

Gracias, ¿y cómo puede mejorar esto?

Índice

Prólogo 6
Introducción 8

PARTE UNO: En el comienzo 13
Los niños tienen las llaves 14
Leyendo auras antes que libros 17
Creciendo como la rara 19
Padrastro 21
Gary y los fantasmas 23
Escondidas 25
El avión sin alas 27
Feliz y vieja Inglaterra 30
Los espíritus me enferman 33
El baúl embrujado 38
Drogas y alcohol 42
Ritos de paso 46
Access 51

PARTE DOS : La frontera 59
Bosque encantado, Tierra encantada 60
El padre de un amigo viene de visita 66
Una velada en Nueva Orleans 72
Convirtiéndome en mí misma 80
Robin 84
En el Club campestre 88
La visita de una vieja amiga de la familia 90
Cómo pueden ayudarnos las entidades 92
La entidad que causaba cáncer 97

Una casa embrujada en Suecia 102
Ayudando a mi hermana en una noche tenebrosa 111
Cambio de guardia 120

PARTE TRES... 129
Transcripción de la Clase Hablando con las Entidades.........130
Información...147

Prólogo

Hace ya cuatro años y medio que este libro llegó a este mundo y empezó a crear una voz para sí mismo. Durante todo el tiempo en que estaba creándolo, nunca capté realmente el enorme impacto que tendría en el mundo y en la vida de las personas que tocaría, incluyendo la mía. Sabía que necesitaba contar mi historia, con la esperanza de que mostraría a los demás que había una posibilidad totalmente distinta en el mundo y que quizá no estaban tan jodidos como pensaban que lo estaban. En aquel momento no sabía cómo lograría esto este libro, pero ciertamente me lo ha mostrado ya.

He recibido tanta gratitud de la gente, diciendo que finalmente entienden lo que habían estado percibiendo toda su vida y por lo cual se estaban juzgando como locos, logrando tener paz, claridad y facilidad por primera vez con el hecho de ser conscientes del mundo de los espíritus. Otros me han contado que, con tan sólo leer el libro, su percepción de las entidades ha mejorado notoriamente, como si el libro en sí mismo fuera una puerta de entrada hacia sus propias habilidades.

Hablando con las entidades (TTTE, por sus siglas en inglés) ha crecido muchísimo en los últimos cuatro años y medio, y continúa expandiéndose, tocando y cambiando más y más las vidas de las personas (encarnadas y desencarnadas). Ahora tenemos Facilitadores TTTE en todo el mundo, que están ahí afuera mostrando a la gente las increíblemente fáciles y efectivas herramientas y procesos de TTTE y Access Consciousness;

mostrándoles cómo sobrepasar el miedo y la confusión en torno a las entidades, acceder a su consciencia profunda y tocar mundos de posibilidad que habrían sido considerados imposibles o simplemente un cuento de hadas hace tan sólo 50 años.

Sé que, tanto muchos de los Facilitadores TTTE como yo, estamos trabajando por un futuro en el que el miedo hacia las entidades quede en el pasado remoto; donde las supersticiones, la histeria y la impotencia con respecto al mundo de los espíritus sea la excepción y no la norma. Personalmente, me encantaría ver un futuro en el cual la consciencia de los espíritus fuera conocida y afrontada, y las herramientas de Access Consciousness y TTTE fueran usadas en todo tipo de plataformas educativas para empoderar a la gente. Asimismo, ver que se usen dentro de las instituciones psiquiátricas para educar en vez de medicar.

Me encantaría ver un futuro en el que el mundo de los espíritus saliera de las sombras y fuera expuesto a la luz, para que todos pudiésemos contemplar y conocer la paz y la facilidad que podría haber ahí. Nunca más temer a la muerte como el final. Nunca más juzgar intensamente a aquellos que oyen las voces del mundo de los espíritus y nunca más ocultar las llaves para la consciencia que liberarían y liberarán a tantos.

Si ésta es la primera vez que lees este libro, espero que lo disfrutes, y quizá algunas cuantas bombillas exploten y encuentres algunas llaves para desbloquear tu propio mundo. Y si estás leyendo este libro de nueva cuenta, ¿usarás quizá estas herramientas para ir más profundamente a lo que sabes? ¿Cómo puede mejorar esto y qué más es posible con las herramientas de consciencia firmemente en tus manos?

Introducción

Estaba ahí, sentada en una mesa en el bosque tropical de Costa Rica con mi amiga Tonya y su hermana recién fallecida. Sí, es correcto, su hermana muerta. Mi amiga estaba visiblemente afligida y emocional; extrañaba terriblemente a su hermana gemela. Podía ver que la hermana de Tonya estaba sentada en la mesa con nosotras. Estaba en la silla directamente enfrente de mí, pero para Tonya, su hermana era tan invisible e indetectable como el aire transparente.

Oh, discúlpenme, permítanme presentarme. Mi nombre es Shannon O'Hara y veo a los difuntos. Hay gente en este planeta que oye, ve, reconoce y habla con las entidades. Soy una de estas personas. He estado comunicándome con las entidades mi vida entera. En este libro, les contaré acerca de las ocasiones en mi vida en las que todo esto se sintió como una maldición. A partir de ahí, les contaré cómo he madurado para apreciar esta habilidad como el regalo que es, y hablaré acerca de las puertas de acceso para el cambio y la consciencia que ha abierto.

Así que ahí estaba yo con Tonya y su hermana muerta, tratando de consolar a mi amiga y garantizarle que no había perdido a su hermana para siempre; estaba en la mesa con nosotras, sentada ahí mismo sosteniendo su mano. Aunque mi amiga deseaba desesperadamente creerlo, este salto era sencillamente demasiado grande para ella, y podía ver que iba a tener que trabajar un poco más duro con ella para ayudarla a darse de cuenta de esto. ¿Cómo iba yo a construir un puente para ella desde nuestro mundo hacia el mundo de los espíritus donde estaba su hermana? ¿Atravesaría ese puente Tonya si yo lo construía?

¿Por qué yo podía ver el espíritu de la hermana de Tonya y ella misma no podía hacerlo? Bien, este puede seguir siendo uno de los grandes misterios del universo. ¿Por qué son algunas personas buenas nadadoras y otras no? Algunos llegan con el don del nado, supongo. Simplemente llegué con el don de ver a la gente muerta –y muchas otras cosas extrañas (más de ello más adelante). Me guste o no, ahí está. Algunas personas quizá hallen esto extraño o aterrador o fascinante, y para mí ha sido todo ello también. Ha habido puntos en mi vida en los que he estado aterrada de lo que puedo ver. En otros momentos, me he sentido hondamente fascinada y honrada. He pasado los últimos siete años conectando a la gente con sus familiares fallecidos, educándolos sobre lo que son los espíritus y las entidades y de cómo estar en comunicación con ellos por su propia cuenta.

Algunas veces, esto es fácil, y otras veces, puede ser bastante arduo asistir a la gente a cambiar sus puntos de vista acerca de la vida después de la muerte. Algunas personas están dispuestas a reconocer el mundo de los espíritus y otras protestan vehementemente acerca del hecho de que siquiera existan. Estas no son las personas que usualmente se acercan y hablan conmigo, por razones obvias. Tonya estaba ahí para hallar algo de paz con su hermana, sea como fuere que esto luciera. A medida que Tonya y yo continuábamos hablando, se volvió cada vez más evidente para mí que a Tonya tal vez le interesaba más mantener sus sentimientos de tristeza, pena y pérdida sobre el fallecimiento de su hermana, que reconocer y recibir en realidad que el espíritu, la energía infinita de su hermana, estaba ahí mientras hablábamos. Si Tonya llegaba a reconocer esto, cambiaría drásticamente el fundamento sobre el cual había construido su realidad. Si reconocía que su hermana estaba ahí sin cuerpo, ¿qué produciría esto en su sistema de creencias?

Todo lo que podía hacer era ser el medio entre Tonya y su hermana, la intermediaria entre lo posible y lo "imposible".

La hermana de Tonya era clara y brillante. Era fácil comunicarse con ella, lo cual no ocurre con todas las entidades. Había hecho bien la transición, con plena consciencia, y ahora estaba uniendo sus fuerzas a las mías para ayudar a su hermana a hallar algo de paz con respecto a su muerte.

Le pregunté a Tonya que deseaba de esa sesión y ella respondió que sólo quería saber si su hermana estaba bien. Siempre he hallado esta idea un poco irónica. Son las personas que están de este lado quienes están sufriendo. Los que están del otro lado están bien, en su mayoría.

La hermana de Tonya me estaba diciendo que estaba con Tonya inmediatamente después de su muerte y que sentía mucho que su hermana tuviera que haber pasado por eso. También quería que le dijera a Tonya que se quedaría con ella hasta que estuviera mejor y lista para seguir adelante. Tenía que recordar que sólo era la mensajera. No podía hacer que Tonya recibiera la presencia amorosa de su hermana. No podía hacer que ella reconociera que su hermana estaba sosteniendo su mano. Sólo podía abrir la puerta; no podía empujarla a través de ella. Esta es a veces la parte más frustrante de ser médium. Me encantaría ser capaz de darle a la gente la claridad que tengo con los espíritus para que pudieran aún ver y hablar con sus seres amados que han hecho la transición. Es esto lo que sería el remedio para el dolor que la gente siente cuando sus seres amados mueren.

Pero entonces debo recordar las dificultades que tuve para reconocer que los espíritus eran en verdad reales. Sí, incluso yo pasé años tratando de negarlo y sofocarlo –más al respecto adelante.

Estaba buscando una manera de conectar a Tonya con su hermana para que pudiera comunicarse con ella cuando yo no estuviera cerca. Deseo darle a la gente herramientas y procesos para que puedan hacerlo ellos mismos. Creo que todos pueden hacer lo que yo puedo hacer.

Continué diciéndole a Tonya que su hermana estaba bien; de hecho, ella estaba mejor que Tonya.

Hablé con Tonya meses después y me dio una interesante retroalimentación. Me dijo que, en el momento de la sesión, me odió por decir que su hermana estaba ahí y que ella simplemente no estaba dispuesta a verla. Añadió que, conforme el tiempo pasó, pudo ver que su hermana estaba ahí, tal cual yo había especificado. Comenzó a ver las señales en todas partes. Tonya empezó a darse cuenta de que sus emociones y sentimientos le estaban impidiendo a su hermana comunicarse con ella fácilmente. Las emociones de Tonya estaban, en cierto sentido, bloqueándola para percibir o recibir cualquier cosa que no coincidiera con o validara sus emociones y sentimientos. Si Tonya hubiera permitido a su hermana estar todavía en su vida, aunque sin cuerpo, ¿podría aferrarse tanto a la pena y a la tristeza?

Tonya se dio cuenta de que no podía aferrarse a la tristeza, con el espíritu de su hermana estando verdaderamente a su lado. Empezó a percatarse de que podía comunicarse con su hermana, no como lo había hecho antes con palabras y gestos, sino con energía y consciencia. Tonya finalmente empezó a reconocer cómo era cuando su hermana se comunicaba con ella. Empezó a reconocer las sensaciones y atisbos de cómo esto se sentía. Y lentamente, con la ayuda de su hermana, Tonya empezó a cambiar la forma en que veía las cosas. Con ello, la devastación que sentía con respecto a la muerte de su hermana se transformó en una posibilidad de un mundo distinto y una forma diferente de ser. Sin bromas, lo imposible se volvió posible –¿y qué más es posible?

PARTE UNO
En el comienzo...

"Nuestro miedo más profundo no es
que seamos inadecuados.

Nuestro miedo más profundo es que
somos poderosos sin límite.

Es nuestra luz, no nuestra oscuridad, lo que nos asusta."

~ Marianne Williamson ~

Los niños tienen las llaves

¿Conocen a esos bebés que siempre están mirando fijamente y apuntando a lo que parece ser nada? Yo era uno de ellos.

Mi mamá solía decir que cuando era pequeña, me acostaba en mi cuna bocarriba riéndome y arrullándome en mi lenguaje de bebé y alzaba mis manos hacia algo que ella no podía ver. Miraba tan fija y atentamente el espacio entre las cabezas de las personas que las hacía preguntarse si había algo junto o detrás de ellos. Miraban para verificar y, para ellos, no había nada. Lo había para mí, estaba viendo las entidades y los campos energéticos a su alrededor.

¿Dónde está esa delgada línea que cruzamos como niños? ¿Cuándo renunciamos a ver a favor de no saber y no ver?

Había cuadros y líneas en el aire que ondulaban y estallaban con energía, todo pulsaba con electricidad y color. No fue hasta que tuve 10 u 11 años que me di cuenta de que los demás no estaban viendo y experimentando lo que yo –al menos no lo decían.

Cuando era niña, no sabía lo que era la telepatía, pero seguro que oía a la gente pensar muchísimo. Es extraño cuando puedes oír cinco conversaciones diferentes salir de la cabeza de alguien. Una de las conversaciones está saliendo de su boca y las otras cuatro provienen de otra parte. Es muy interesante ver cuántos distintos puntos de vista puede tener una persona en un momento dado. Era como percibir al mismo tiempo todas sus vidas, presentes, pasadas y futuras. Los podía ver frente a mí en el presente y también podía verlos en lo que llegué a darme cuenta que era otra vida o dimensión. Alguien podía pararse frente a mí y podía contemplarlo transformarse en todo tipo de cosas.

Siempre mantenían la apariencia de quienes eran aquí y ahora, pero yo veía cosas superpuestas en y alrededor de ellos. En un instante estaban parados ahí y al siguiente alguien más estaba ahí, y al siguiente volvían. No estoy bromeando, yo creía que esto era lo que todo mundo veía.

No entiendo realmente por qué, cuando trataba de hablar sobre esto con la gente, me miraban como si estuviera loca o fuera una leprosa. Pero finalmente me di cuenta de que no era seguro hablar de ello con cualquier persona. Así que sólo dejé de hablar de ello y en cierto momento dejé de verlo y percibirlo, porque si otros pensaban que era loco, tenía que haber algo malo en mí, ¿no es cierto?

Podía ver lo "malo" que algunas personas habían hecho, ya fuera que las hubieran hecho en esta vida o no. Podía ver lo que habían hecho o lo que harían, estuvieran o no ellos conscientes de ello. Podía también ver si alguien era ligero y amable, y podía ver tanto lo luminoso y lo oscuro, lo pesado y lo ligero desenvolviéndose en alguien.

Gracias a mi padrastro, con el tiempo me di cuenta de que los estaba viendo en todas sus diferentes reencarnaciones. Él tenía todo tipo de herramientas útiles para darle sentido a cosas no muy sensatas.

Respondía constantemente a preguntas que la gente hacía en su mente. Le daba una paliza a mi hermano cuando hacíamos juegos de ejercicios psíquicos con papá durante largos viajes en el auto. Así es. En lugar de jugar otros juegos, mi padrastro pensaba en un color o algún lugar o una forma y nosotros practicábamos recibir y transmitir la información psíquicamente. Creía que a todos los niños los educaban enseñándoles a extraer imágenes e información de las mentes de las personas. Nunca me dijeron que era imposible o equivocado. De hecho, se me alentó a desarrollarlo.

Las cosas se pusieron feas más tarde cuando en la adolescencia traté de encajar, pero, cuando era niña, era toda facilidad y magia. Ni siquiera pensaba que fuera magia: era simplemente el mundo increíble en el que vivía. ¡Los niños son tan afortunados!

Cuando mi mamá pensaba cuánto me amaba, yo respondía en voz alta: "Yo también te amo, mami". Siempre se carcajeaba de esto.

Leyendo auras antes que libros

Cuando eres niño, nunca piensas que eres raro o extraordinario. Es hasta que eres mayor que empieza a preocuparte cómo le pareces al resto del mundo. Los niños son capaces de tantas cosas asombrosas que los adultos han olvidado o sepultado, para nunca más ser vistas.

Un día, cuando tenía seis años, encontré un libro interesante en la biblioteca de mis padres. Tenía imágenes hermosas de cuerpos con colores alrededor de ellos. Estaba fascinada. Mi mamá me dijo el título del libro, que aún no podía leer. Era "Manos de luz: una guía para sanar a través del campo energético humano." Las auras son un campo de energías sutiles y luminosas que rodean a una persona o cosa. Las verán representadas en algunas ocasiones en el arte religioso con un halo que rodea la cabeza de un santo o un ángel. Tomé el libro con entusiasmo y salté a la cama de mis padres para estudiarlo. Señalé una foto de una mujer envuelta con una brillante luz magenta y le dije a mi madre que lucía exactamente como ella. Mi mamá me dijo que el subtítulo de la imagen decía: "Mujer que recientemente se enteró de la muerte de un ser querido." El padre de mi madre había fallecido tan sólo unos días antes.

Señalé otra imagen, la de un hombre rodeado de un color amarillo mucoso. Le dije a mi madre que se veía justo como mi hermano Adam. Este subtítulo decía: "Alguien que acaba de inhalar cocaína." En esa época, Adam entraba y salía de rehabilitación por drogas constantemente.

Fue en aquel momento que mi madre y mi padrastro Gary se dieron cuenta de que yo estaba viendo auras. Sus amigos me pedían que les dijera el color de su aura y que les hiciera un dibujo. Yo hallaba esto infinitamente divertido. O sea, tenía sólo seis años.

Sabía cuándo mi mamá llegaba a casa enojada o cuando Gary estaba preocupado por dinero, por los colores alrededor de sus cabezas y manos. Los colores alrededor de las personas cambian según sus estados de ánimo.

No tenía clasificaciones o significados propios para definir lo que los colores que estaba viendo significaban sobre la persona. Sólo sabía cómo se sentían, sintiendo sus sentimientos, mientras veía los colores y la energía a su alrededor cambiar y moverse, a medida que pensaban y sentían cosas distintas.

En algunas ocasiones era difícil para mí dormirme, debido a la enorme cantidad de actividad paranormal de la que me daba cuenta. Mi mamá me pedía que le hablara de su aura mientras nos acurrucábamos juntas. Como podía ver su aura mejor en una habitación oscura, esto hacía más soportable estar en la oscuridad. Estar así con mi mamá me ayudaba a relajarme y podía cómodamente conciliar el sueño. (Me dormía en la cama de mis padres o en el piso de su habitación, cuando podía salirme con la mía, hasta que tuve 14 años. ¿No fueron afortunados?)

Creciendo como la rara

¿Sabían que la definición original de la palabra raro1 es "de espíritu, suerte o destino, partícipe de lo sobrenatural"? Así que cuando dices que algo es raro, estás diciendo que es "de espíritu, suerte o destino." ¿No es raro?

Nací en Los Ángeles, California en un resplandeciente día caluroso a principios de octubre de 1979. Ese verano fue tan caliente que, durante el embarazo de mi madre, todas las articulaciones de su cuerpo se hincharon al doble de su tamaño normal. ¡Ah, el milagro de dar a luz! Nací sin drogas de ningún tipo, debido a la férrea voluntad de mi madre. Creo que esto es maravilloso y me considero bastante afortunada.

Mi madre era la mayor de cuatro hijos; fue educada en la tradición de inmigrantes irlandeses-americanos en el noreste de Pennsylvania, donde la religión y alcohol abundaron. Siendo Aries, tenía un temperamento encendido y un espíritu fuerte. Tuvo a mi hermano mayor, Adam, cuando tenía veinte años, soltera y sin apoyo. Buscando algo mejor, le dijeron que todo era posible en el oeste, si tenías la determinación para hacer que sucediera. Así que, a principios de la década de los setenta, se mudó allí con su primogénito, mi hermano mayor. Emprendió el viaje a Carolina del Sur con tan sólo unos cuantos dólares en su bolsillo y un bebé en su regazo. Halló su Meca, como la llamaría posteriormente, en el clima cálido de Los Ángeles y en

---

1   N de T. Se refiere a la palabra inglesa "weird".

su ambiente más progresista y liberal. Lentamente, mi madre puso un pie en la industria fílmica y trabajó hasta convertirse en agente para la destellante y glamorosa maquinaria de estrellas y celebridades.

Por esta época conoció a mi padre biológico. Mi padre era un moderno judío errante. Fue criado por inmigrantes judíos de Lituania y Polonia en los lindos guetos de Londres, Inglaterra. Como le repugnaba Londres en su juventud, huyó a la armada israelí a la edad de 18 años, escapando así del mísero clima londinense y de la vida de obrero adolescente. Siendo un poco místico y algo ermitaño, el espacio expansivo del desierto del Sinaí, tras la pobreza, el hacinamiento y la tristeza de Londres, fue un cambio bien recibido.

Y por azares del destino, después de una pausa de vuelta a Londres, se halló en un avión con destino a Nueva York, usando un boleto de 20 dólares anunciado en el tablero de anuncios de un bar. En 1977 llegó a Los Ángeles, tras haber experimentado la escena artística neoyorquina y todo lo demás. Pronto, conoció a mi madre. Me tuvieron en 1979 y nunca se casaron. Eran una pareja más de California del Sur tomando la vida como venía. Trataron de hacer funcionar su relación, pero desafortunadamente, no tenía que ser. Pocos años después de mi nacimiento, se separaron en buenos términos y continúan siendo amigos a la fecha.

Padrastro

Cuando tenía cuatro años, mi madre conoció a Gary, un hombre elegantemente guapo que se convirtió en mi padrastro. Me crio con mi madre y, al hacerlo, me dio algo más grandioso que todo el oro del mundo: Consciencia.

Gary se mudó de San Diego al apacible pueblo costero de Santa Bárbara por una oportunidad de empleo en 1968. Santa Bárbara tiene una belleza única casi sin par, con grandiosas montañas enfilándose en cascada hacia el Océano Pacífico. Puedes nadar en un arroyo en la montaña y, en cuestión de 20 minutos, encontrarte nadando en el océano al cual desemboca el arroyo. Gary era una especie del hombre renacentista, especializado en casi cualquier cosa que puedas imaginar. Para mi madre y para mí, era un caballero resplandeciente.

Cuando tenía cinco años, la pequeña familia que éramos mi madre, mi hermano Adam y yo se mudó de Los Ángeles a Santa Bárbara para vivir con Gary y mi nuevo hermanastro, Sky.

A Gary y a mi mama les gustaban las cosas "raras". Sky y yo estábamos al tanto de un espectro tremendamente amplio de temas diversos. Para aquellos de ustedes que no saben lo que es canalizar, es cuando la persona abandona su cuerpo y otro espíritu entra y habla. A nuestros padres realmente les gustaba la canalización, y no era nada extraño regresar a casa de la escuela un jueves por la tarde y encontrar de 10 a 20 adultos recostados en el piso de la sala de estar vestidos de blanco, mientras un doctor místico o brujo cantaba algo y ondeaba sus manos alrededor. Mi madre me recomendaba que consultara el Tarot si estaba teniendo un problema con un chico o en la escuela. No estoy segura si era ingenua, pero yo creía que así era en todas las casas.

Mi madre y mi padrastro no eran hippies ni estaban chiflados. Tenían empleos normales y nos mantenían a nosotros, sus hijos, con el mayor estilo posible que nosotros eligiéramos, proveyendo lecciones de piano, danza, futbol o lo que fuera que deseáramos. Simplemente tenían una forma diferente de ver el mundo.

Si me quejaba de alguien o de algo, mi madre pasaba largo rato hablando de cómo debía haber un problema de una vida pasada.

Sky y yo no nos detuvimos nunca a reflexionar que las cosas a las cuales nuestros padres eran aficionados eran algo fuera de lo común, hasta que crecimos. Mientras que a la mayoría de nuestros amigos los llevaban a la iglesia los domingos por la mañana, Sky y yo corríamos dando vueltas en el césped, mientras nuestros padres en el interior escuchaban sentados a un tipo muerto hablando a través de una mujer rubia. Tenía que rogarle a mi mamá para que me dejara ir a la iglesia con mi amiguito mormón. Me encantaba comer las galletas que ofrecían después del servicio.

Cuando estábamos con nuestros padres los domingos por la mañana, nos permitían estar en la sala durante las presentaciones o nos dejaban correr libremente afuera. Lo que principalmente recuerdo era cuán apacible estaba la sala mientras mis padres se unían a los eventos, como si el aire en la sala estuviera plena de algo tangible mas no visual.

Era como escuchar a los árboles de un bosque cantando —no las hojas de los árboles chocando con el viento, sino las frecuencias de los mismos árboles. Estaba tan presente y sin embargo todo sumamente indetectable al mismo tiempo. Todos en estas reuniones brillaban con una luz tenue, especialmente la persona que estaba al frente llevando a cabo la charla; realmente resplandecían.

Gary y los fantasmas

Gary empezó a canalizar cuando yo tenía 7 años. Habiendo asistido a numerosas canalizaciones y siendo del tipo aventurero, de alguna forma se dijo a sí mismo: "Me gustaría hacer esto", y no mucho tiempo después, ya lo estaba haciendo. Empezó canalizando tres seres distintos: el Hermano George, un jovial fraile grande y gordo; un hombre chino llamado Dr. Lee; y Rasputín, el monje loco de Moscú.

Rasputín era el único ser que Gary canalizaba que era una figura renombrada de la historia. Rasputín vivió a principios del siglo XX en Rusia y era considerado un sanador, místico y profeta. Halló su fama al ser la única persona capaz de sanar al joven hijo del zar y la zarina, Alexi, quien padecía hemofilia. Antes de ser sanado por Rasputín, Alexi sufrió muchísimo y casi murió en diversas ocasiones. Por su personalidad, Rasputín fue visto con sospecha y juicio, cuando se mostró con su apariencia desaliñada y maneras de campesino. No obstante, nadie pudo negar sus habilidades cuando el joven chico se alzó de su lecho de enfermo una y otra vez, como por arte de magia.

Cuando Rasputín, a quien afectuosamente llamábamos Raz, venía al cuerpo de Gary, hablaba en ruso o inglés con un fuerte acento ruso. Gary no sabía ni una sola palabra de ruso, aparte de rublos y Stolichnaya. Este tipo de fenómenos anómalos hacen que la canalización sea no sólo divertida y excitante sino también una plataforma de lanzamiento para explorar tantas cosas que son desconocidas acerca de los misterios del universo y de las capacidades de las personas.

Cuando Gary canalizaba, su cuerpo cambiaba para adquirir las características físicas de diversas entidades. Cuando llegaba el Hermano George, el cuerpo de Gary parecía hincharse cuatro veces más de su tamaño real; y cuando canalizaba al Dr. Lee, sus ojos se sesgaban y se volvía tan esbelto y pequeño como un viejo hombre asiático. No estoy bromeando, su apariencia física se transformaba.

Yo estaba completamente entretenida con estas sesiones nocturnas, cuando me dejaban quedarme despierta después de mi hora de ir a la cama. Me encantaba el Dr. Lee. Siempre hacía que la habitación centelleara, y me hacía reír y sentir que me daban cosquillas en todas partes. El Hermano George era agitado y escandaloso, y si yo estaba en la cama durmiendo cuando él venía a casa, me despertaba con su risa alegre. Raz era como un padre para mí, y siempre me sentía totalmente amada cuando él andaba por ahí. Lo tomé como mi santo personal en los años subsecuentes. Siempre que estaba alterada o asustada, le pedía energéticamente que me cuidara o asistiera. Puede parecer extraño que una chica pequeña pidiera ayuda a un hombre ruso fallecido hace mucho tiempo, quien había sido un famoso mujeriego y alcohólico, pero yo no lo veía de ese modo. Lo conocí como una energía distinta en su conjunto.

Rasputín era el espíritu más poderoso de todos los espíritus que Gary canalizó, y fue él quien se quedó cuando los otros se marcharon. Rasputín fue un sanador asombroso en su época y, como espíritu, vino a esta vida presente para ayudarnos a muchos de nosotros a hallar un sentido de paz y consciencia mucho mayores.

Escondidas

Tanto mi nuevo hermanastro Sky como yo nacimos en 1979. Cuando éramos niños, teníamos la misma estatura y peso y casi nos veíamos igual. No nos habríamos visto más parecidos si hubiéramos estados relacionados de sangre. Nos convertimos en los mejores amigos peleoneros. Cuando no estábamos ocupados haciéndonos polvo, estábamos en el garaje o en el patio trasero, creando planes de negocio para hacer miles de dólares reciclando latas o vendiendo flores de los rosales de nuestros vecinos.

Un glorioso día soleado, Gary nos llevó a Sky y a mí a Summerland, una localidad vecina donde conducía negocios. Conforme avanzábamos hacia el sur por la costa, el sol brillaba sobre el océano, sobre las grandes casas anticuadas, sobre los restaurantes y las tiendas de antigüedades protegidas por las colinas. Gary se detuvo frente a una gran casa blanca de madera que albergaba una tienda de antigüedades.

Sky y yo compartíamos no sólo el año de nacimiento, sino también una marcada preferencia por estar afuera corriendo en vez de esperar en interiores mientras los adultos hacían negocios. Estoy segura de que Gary también prefería que nos quedáramos afuera para poder conducir sus negocios sin la interrupción de un par de indios salvajes.

La belleza de las antigüedades dentro nos era ajena. El exterior de la casa, sin embargo, estaba rodeado de grandes árboles que daban sombra, arbustos y antigüedades varias que se exhibían en el jardín.

Sky y yo comenzamos a jugar a las escondidas. Por muy divertido que fuera para Sky, era un juego injusto. Yo tenía aliados que eran totalmente visibles y reales para mí, aunque invisibles para el inocente de Sky. Cuando le tocaba a Sky el turno de esconderse, todo lo que yo tenía que hacer era mirar hacia arriba a la ventana del segundo piso de la tienda de antigüedades, donde estaba un hombre que portaba una máscara africana. De hecho, no podía ver el cuerpo del hombre, pero la máscara estaba ahí hablándome. Me relacioné con este ser que portaba la máscara como uno se relacionaría con un árbol. Sabes que el árbol está ahí pero no inicias una conversación con él como lo harías con otra persona. Siempre sabes dónde está el árbol, pero la mayoría de la gente no está consciente de que el árbol está diciendo algo, no en palabras, sino con energía. El ser que estaba en la ventana del segundo piso no se dirigió a mi directamente, pero ponía su voz en mi consciencia. Era como que yo captaba una idea o un sentimiento.

Parece que inmediatamente supe que el hombre con la máscara estaba jugando con nosotros, sin que Sky lo supiera, desde luego. Mi amigo fantasma señalaba la dirección en la cual Sky se había escondido. Ni siquiera tenía que estar a la vista del hombre de la ventana para obtener la información que necesitaba. Toda vez que salía de la vista de la ventana, lo único que tenía que hacer era preguntar al hombre dónde se estaba escondiendo Sky y él me lo decía. Oía una voz en mi cabeza que decía "detrás del arbusto" o "dentro del cobertizo". Siempre encontraba a Sky en unos instantes. Siempre le tomaba más tiempo a él encontrarme. De alguna forma, sospecho que Sky nunca tuvo idea de a qué se enfrentaba jugando este juego conmigo.

El avión sin alas

Esta no es una historia sobre entidades, pero sí sobre ver fuera de esta realidad. Cuando abres la puerta a las entidades, también abres la puerta a percibir todo tipo de cosas fuera de lo común. Los extraterrestres y sus naves voladoras pueden ser una de ellas. Creo en todo tipo de vida fuera del *status quo* normal.

La escuela y yo no nos llevábamos muy bien, para ser exactos. Mis pobres maestros la pasaron terrible tratando de que dejara de hablar, de correr por todas partes y de coquetear con los chicos durante la hora de clase.

Tengo y tuve lo que podría ser considerado por los médicos como un grave TDA (Trastorno por Déficit de Atención). El Ritalín no se recetaba de manera tan popular a los niños en aquella época, pero mi escuela primaria sí que intentó que mis padres me lo dieran. Mis padres se rehusaron; después de todo, no es que tuviera déficit de atención, simplemente tenía acceso a MUCHÍSIMA energía. Me hubiera hecho mejor subir y bajar las montañas corriendo todo el día que sentarme ahí en el escritorio.

De hecho, un maestro que tuve en quinto grado fue más lejos y me hizo sentarme en una mesita sola porque hablaba mucho y distraía a otros estudiantes. Los demás niños se sentaban en pequeñas islas de seis y yo me sentaba en una isla de una. Esta táctica no funcionaba, no obstante; simplemente hablaba más alto para hacer que llegara mi voz a las otras mesas. Pobre maestro.

Un día, en tercer grado, estaba disfrutando mi materia favorita (aparte del receso), la clásica EF (Educación Física). Estábamos afuera en el patio, que era un área grande de asfalto frente a los edificios de las aulas. Estábamos jugando balompié y mi posición era la tercera base, la cual me encantaba, porque podía hacer como que jugaba y estar con mis amigos y ser tan ruidosa y activa como me gustaba.

Mientras bailaba y brincaba en la tercera base, miraba alrededor y me hallé contemplando el avión más grande que jamás había visto. Era tan grande como el terreno de juego entero de un lado al otro, probablemente como un cuarto de milla. El artefacto entero era plateado, no tenía alas ni ventanas y volaba muy cerca del piso. Parecía un puro gigante.

Yo estaba completamente absorta en él. Mientras miraba, éste parecía absorber todos los sonidos a mi alrededor. Aunque aún podía ver a mis compañeros de clase, ya no los podía oír. La energía que este artefacto estaba emitiendo era palpable y espesa. También advertí que nadie más parecía notar a este gran visitante en nuestro campo de juego.

Empecé a señalarlo y a saltar y a gritar para que todo mundo lo viera, pero nadie parecía oírlo o ver mi excitación. Grité tan fuerte que casi me provoco un ataque al corazón, sin embargo, nadie me oyó. Nadie más era consciente de este cigarro volador, y en breve desapareció tan pronto como había aparecido. Mirando en retrospectiva, ahora me doy cuenta de que estaba viendo un OVNI. Esta no era la primera vez que veía un OVNI ni sería la última.

No tengo idea de qué estaba haciendo ahí o por qué sólo yo fui la única que lo noté. Obviamente, nos estaba viendo, pero desearía poder haber tenido una mayor consciencia con él, para poder comunicarme con ellos de una forma que pudiera recordar.

Parece que este tipo de eventos les sucede más a los niños que a los adultos. No estoy segura de por qué sea así, pero, básicamente, parece que sólo vemos lo que nos permitimos ver. Por lo tanto, ¿cómo se determina lo que nos permitimos a nosotros mismos ver?

Años más tarde, cuando tenía 13 años, leí un libro sobre la consciencia e inteligencia avanzadas de los extraterrestres. Durante meses, dejé las puertas francesas de mi recámara abiertas, esperando a que vinieran y me apartaran de toda la tristeza y el dolor en este mundo. Qué pena que nunca vinieron… al menos no que yo lo sepa.

Feliz y vieja Inglaterra

Cuando tenía ocho años, mi padre biológico creyó que sería buena idea llevarme a Londres a conocer a su madre y sus hermanas. Al menos, creo que eso fue lo que sucedió. Fue así, o mi madre lo inventó. Hasta ese momento, no había conocido a la familia de mi padre biológico.

No había vuelto a Inglaterra desde que había partido a mediados de los años setenta. Tenía muy poca o casi nada de afinidad por su lugar de nacimiento. Hablaba abiertamente sobre su aversión por el clima de Inglaterra y parecía horrorizado por la cultura de la que provenía. Así que casi 20 años después volvió con una pequeña hija.

Nos quedamos con mi abuela en Hendon, en la parte norte de Londres. Vivía en casas del ayuntamiento, filas y filas de edificios de ladrillos de cuatro a cinco pisos que se veían idénticos. No es demasiado decir que estos edificios eran deprimentes, golpeados y curtidos por el famoso clima de Inglaterra y estaban habitados por pilas de personas terriblemente infelices.

Pasé esos días inventando coreografías en el estrecho corredor del departamento de mi abuela, subiendo y bajando a toda velocidad las empinadas escaleras, viendo cuántos escalones podía saltar en un solo salto y jugando en el patio de juegos de cemento que parecía más bien un lugar donde todo mundo abandonaba su alegría y esperanza y lo dejaba ahí para morir. No me importaba; tenía ocho años y un serio TDA:

habría hallado una forma constructiva y feliz de jugar con un alambre de púas.

En el vecindario de mi abuela, había también una vieja iglesia normanda con un cementerio que databa del siglo once. Proveniente de California, nunca había visto algo tan viejo. Tenía fuerzas invisibles moviéndose por todas partes; podía sentirlas y verlas, pero no sabía qué querían o cómo estar con ellas. Había entidades deslizándose por todo el lugar, y realmente quiero decir por todo el lugar. Ésta era mi primera visita a un lugar tan viejo. Hay más entidades en países del viejo mundo que en el nuevo mundo, por razones obvias.

Cuando mi padre y yo pasábamos por el cementerio de camino a las tiendas, siempre vigilaba por rabillo del ojo. Sabía que, si pasaba sin permanecer alerta, los espíritus me provocarían y me contactarían con sus dedos susurrantes. Es como saber que hay algo ahí, y al mismo tiempo no saber, aunque se sabe lo suficiente como para sentirlo. ¿Tienes sentido?

El cementerio estaba repleto de tumbas por todas partes. Para mí, lucía como si algún gigante hubiera estado jugando palillos y los hubiera arrojado ahí al azar. Líquenes verdes y dorados crecían en las tumbas, y las inscripciones en ellas estaban tan desgastadas que se habían vuelto ilegibles.

A mi padre le gustaba pasear a través del cementerio a menudo, puesto que, después de todo, era muy hermoso. Era un oasis frente a los edificios grises y calles frías y húmedas del suburbio londinense. No podía reprocharle que le gustara; los árboles eran viejos y hermosos y muy verdes. Mientras paseaba por el cementerio, yo me quedaba con mi espalda en un árbol, esperando el momento en el que pudiéramos marcharnos. Si no ponía mi espalda en un árbol, sentía como si hubiera gente detrás de mí. Sin embargo, cada vez que volteaba para mirar, no había nadie. La gente invisible me daba una palmada en el hombro y susurraba en mis oídos, creando una fuente constante de paranoia indefinible.

No pasó mucho tiempo antes de que me rehusara completamente a acercarme a la iglesia o a su cementerio. Incluso inventamos rutas alternas a las tiendas porque yo protestaba ferozmente si nos acercábamos a la iglesia.

Mi pobre padre nos habría ahorrado a ambos tantos dolores de cabeza si hubiera sabido cómo hablar conmigo sobre fantasmas. Ambos nos hubiéramos ahorrado tanta rareza si él hubiera sabido cómo hablarme y reconocer la realidad de mis percepciones.

Pero, como descubrí después, cuando mi padre era joven, él era como yo. Cuando era niño, también veía seres desencarnados, pero no le enseñaron cómo usar su don o cómo hablar o tratar con los fantasmas. Se volvió duro debido a la incapacidad de la gente para reconocer de lo que él era consciente. La gente no le creía cuando él hablaba de lo que veía, y por lo tanto empezó a dudar de sí mismo. Así que, por la época en que yo llegué, la puerta para percibir este tipo de cosas estaba cerrada para él y las llaves escondidas en un lugar que incluso él había olvidado.

Los espíritus me enferman

Mi primer viaje a Londres me introdujo a muchas cosas nuevas. Conocí a toda la familia judía de mi padre, comí hígado picado (por primera y última vez) y celebré mi primera fiesta judía. Tras la ceremonia de la cena, a mis primos y a mí nos dejaron ir a vagar y rondar las calles del vecindario. Yo creía que esto era maravilloso.

Mi padre fue educado en una familia tradicional judía, pero había dejado su religión atrás cuando llegó a las costas de América. Ni siquiera sabía que mi padre hablaba y leía hebreo hasta este primer viaje a Londres.

Bendiciones al corazón de mi padre, quien además de regalarme la experiencia de conocer a mi familia inglesa, me llevó a visitar algunos de los sitios históricos de Londres. Primero fuimos a la Torre de Londres. No tenía ni idea de lo que me esperaba cuando dejamos el departamento de mi abuela y nos dirigimos a la ciudad; pero, en verdad, mis recuerdos de la Torre no son muy gratos. Cuando era niña, no tenía mucho interés o curiosidad histórica. Ir ahí era sólo otro día de paseo con mi padre. Yo tan sólo me pegaba él mientras atravesábamos todo ese ajetreo.

Para quienes no lo sepan, la Torre de Londres fue una prisión donde acontecieron terroríficas ejecuciones y tortura de diversos miembros de la familia real. Ser enviado a la Torre significaba que eras una persona de gran estatura, pero también que estabas jodido.

No habría sido mi elección para una tarde soleada en Londres, pero ahí estábamos.

Afuera, en los patios y corredores, había tantos turistas, que era difícil notar cualquier cosa fuera de lo común; sin embargo, al adentrarse en los edificios de la Torre, los muros cuentan muchas historias.

Mi padre me contó recientemente que, cuando era niño, un amigo suyo era hijo del cuidador de los cuervos en la torre. El cuervo es un símbolo de la monarquía inglesa. Si un cuervo moría o se iba volando, eso significaba que la monarquía estaba cayendo. Así que se pueden imaginar que mantener a estas aves vivas era un trabajo de la máxima importancia. Mi padre visitaba a su amiguito, quien de hecho vivía dentro de la Torre. Esto era antes de que la Torre se convirtiera en un punto turístico. A mi padre lo dejaban entrar por los portones amurallados y tenía que caminar, sin compañía, hasta donde su amigo y el padre de su amigo vivían. Tenía que cruzar el puente en el que prisioneros eran sumergidos en jaulas para ser ahogados en el siglo diecinueve. Mi padre me contó que corría con decisión este puente porque era aterrador para él.

Cuando era niño, veía muchos espíritus en esa Torre, pero olvidó recordar esta información cuando hubiera sido sumamente útil, al tratar conmigo durante mi primera visita (en esta vida) a esa Torre.

Entramos y salimos de varias de las grandes torres de piedra hasta que llegamos a una en la que se volvió realmente difícil para mí. Llegamos a un largo corredor oscuro flanqueado por trajes de armadura. Incluso antes de que llegáramos al corredor, yo ya estaba sintiendo a los espíritus ahí. A medida que nos acercábamos al corredor, me ponía más y más nerviosa y me sentía mal del estómago. Si hubiera podido, habría pedido irnos de inmediato, pero no había forma. Mi boca se quedó congelada y fui jalada energéticamente. Mis ojos mirando fijamente a lo largo del corredor, fui arrastrada a un oscuro lugar donde no había sensación de esperanza para sobrevivir. Mirando atrás, me doy cuenta de que era consciente de los pensamientos y sentimientos de los espíritus que habían sido condenados a morir ahí. Aunque los cuerpos de esta gente condenada habían muerto hace mucho tiempo, los espíritus aún residían en los corredores y cámaras. Este lugar estaba lleno de amenazantes fantasmas, ya sea en estado de duelo o en un inquebrantable miedo por la muerte que habían sufrido cientos de años atrás.

Si esto es impactante o difícil de lidiar para ustedes, imaginen cómo fue para una niña de ocho años como yo, temblando en mis pequeñas botas.

Cuando entramos en el corredor, recuerdo que pensé: "Esto es una muy mala idea".

Antes de que pudiera siquiera advertir a mi padre que corría el riesgo de mojar mis pantalones, ya había sucedido. Mi cuerpo estaba fuera de control. Fue todo lo que pude hacer para permanecer de pie. El vómito comenzó y mi padre me jaló atravesando el corredor. Estaba buscando llegar a un lugar donde pudiera limpiarme, pero yo continué causando un desorden aún mayor. Antes de que pudiéramos salir del otro lado de la Torre, había dejado el contenido de mi estómago desperdigado a lo largo del suelo empedrado e ingeniosamente rociado los pies de unos cuantos afortunados trajes de armadura.

Sobrecogido y un poco mortificado, mi padre me cargó, volando fuera del edificio tan rápido como pudo. Yo estaba en agonía y gimiendo: "No quiero estar aquí."

Mientras mi padre me cargaba atravesando el patio hacia la puerta de salida, recuerdo haber visto a lo lejos, sobre el hombro de mi padre, a los cuervos dando picotazos en el césped. Me preguntaba cómo la gente podía vivir con semejante dolor. El lugar estaba lleno de él, y yo sentía que me estaba aplastando. ¿Cómo podían estar todos, como parecía, pasándola tan bien?

Este tipo de reacciones viscerales eran demasiado comunes en mí. Fui capaz de suavizar la enfermedad cuando crecí, pero en su lugar, se manifestaba como lucha psicológica y mal comportamiento. La tremenda violencia y espantosa naturaleza de las muertes en la Torre de Londres engendró un estado de enfermedad en mí. No estaba enferma; percibía la enfermedad que había acontecido ahí.

Por alguna razón, no escarmentado por nuestra visita a la Torre, unos cuantos días más tarde mi padre me llevó a la Abadía de Westminster. Hay más de tres mil personas enterradas ahí. Entre ellos se encuentran la mayoría de los reyes y reinas de Inglaterra que han gobernado desde el siglo XI, así como muchos de los grandes políticos, poetas y las mentes más honradas y respetadas del país.

Es difícil explicar la enormidad de la Abadía de Westminster. De manera simple, ¡es enorme! Es tan alta que la gente que deambula dentro parece hormigas; es tan grande que hace que los autobuses de dos pisos de Londres luzcan como salidos de una caja de cerillos.

Mientras subíamos los escalones que llevaban a la Abadía, sentí una abrumadora sensación de temor y náusea. "Diantres", pensé. "No otra vez". Un cementerio exterior con tres mil personas enterradas en él sería ciertamente intenso, pero todas estas tumbas dentro de una gran estructura sólida parecían dificultar que la energía se disipara —sin mencionar la relevancia atribuida a la gente que yacía ahí en las criptas. Si pesaran todas las rocas que constituían la Abadía y le añadieran un trillón de kilos, así es cómo se sentía para mí.

El sentimiento de terror y náusea empeoró cuando me acerqué a la tumba de María, Reina de Escocia. Me ponía verde y blanca simultáneamente y jalaba la manga de mi padre para hacerle saber que no me estaba sintiendo bien. Un minuto más tarde, estaba vomitando en el piso de la catedral. ¡Una vez más! No pude avanzar un paso más.

En Westminster, especulo que mi reacción tuvo que ver con las formas violentas y horribles en que muchas de las personas ahí enterradas murieron. Después de todo, María, Reina de Escocia, fue ejecutada. ¿Pueden imaginarse cómo se sintió? Pues yo sí, y es suficiente como para hacerte vomitar.

Me fui de Inglaterra sin señales de desgaste y tan sólo con unas cuantas libras menos.

El baúl embrujado

El tiempo seguía pasando y yo continuaba con mi vida, creciendo como cualquier niño. Un día, Gary trajo a casa un viejo baúl de madera y lo puso en la sala. En esa época, Gary negociaba con antigüedades y traía a casa diferentes piezas que no se vendían en su tienda, ya sea para arreglarlas o para hacer espacio para nuevas cosas. Fue en ese entonces que mis padres realmente empezaron a darse cuenta de lo que estaba sucediendo conmigo y los fantasmas.

No era extraño que trajera a casa objetos peculiares. Como anticuario, su gusto por lo terriblemente ecléctico era fuente de diversión y escarnio para mis hermanos y yo en los años subsecuentes. Nos referíamos a nuestra casa como "el museo de papá." Gary se reía disimuladamente y nos recordaba que estos estridentes y bizarros objetos formaban parte de nuestra herencia y que era todo lo que íbamos a heredar.

Hasta ese punto, no decía mucho sobre lo que veía porque no significaba nada para mí. No pensaba al respecto como algo sobre lo cual hablar, tal cual no andas por ahí diciéndole a todo mundo que el cielo es azul. Es simplemente azul y todos lo saben, y eso es lo que pensaba sobre las entidades: están ahí y todo mundo lo sabe.

Fue por esta época que comencé a hablar sobre ello, puesto que cada vez me estaba costando más superponer el mundo de los espíritus y el mundo "real."

Los fantasmas estaban ahí y, en vez de divertirme con ellos, comencé a desear que no estuvieran ahí. Sin darme cuenta, empecé a adquirir los prejuicios y la repulsión por los fantasmas de otras personas. Y con ello, empezaron a ser atemorizantes.

Desde el momento en que vi el baúl, me desagradó. No era que me diera miedo; simplemente no quería estar en la misma habitación que él. Me sentía reticente al respecto. Cuando me acercaba, lo veía de lado, como un gato se detendría para ver algo que le resulta amenazante.

Mi habitación estaba a un lado de la sala de estar y la recámara de mis padres y la cocina estaban del otro lado. Así que, siempre que quería pasar de un lado de la casa al otro, tenía que pasar por donde estaba el baúl. Caminar tranquilamente no era una opción, siempre huía de él corriendo a toda velocidad.

Nunca me di cuenta por qué el baúl me molestaba tanto hasta que Gary me preguntó por qué me quejaba tanto de él. Entonces lo solté de golpe: "Hay una mujer loca sentada encima de él." No había admitido esto del todo, ni siquiera a mí misma, hasta que lo dije en voz alta.

La mujer que estaba sentada sobre el baúl no estaba tan loca, sino más bien era histérica y llorona. Preguntaba continuamente dónde estaba su vestido de bodas.

Cuando Gary me preguntó con naturalidad quién era, no supe qué responder a su pregunta.

Me sugirió que simplemente le preguntara a la mujer quién era, así que lo hice. Su respuesta vino a mí como si yo tuviera un radiorreceptor dentro de mi cabeza. Su nombre era Jenny.

En ese instante, Gary fue al teléfono y llamó a la mujer a quien le había comprado el baúl para ver si podía obtener cualquier información sobre él.

La mujer dijo que el baúl había pertenecido a su tía, cuyo nombre era Jessie; Jessie había guardado ahí su vestido de bodas. ¡Esto era sorprendente! No era exactamente el nombre que había oído, pero estaba muy cerca.

Gary preguntó si todavía tenía el vestido de novia o dónde estaba, omitiendo decirle a la mujer del otro lado de la línea cómo y por qué él sabía que solía haber un vestido de novias dentro del baúl. Apenas pareció advertir que él tenía información sobre el baúl que ella no le había proporcionado. Ella dijo que pensaba que lo tenía la hija de Jessie.

Después de colgar, Gary me dijo que le dijera a Jessie que su hija tenía el vestido de novia, y yo asentí. Antes de que pudiera formular completamente el pensamiento para decirle a Jessie, se había marchado. Ella recibió la comunicación antes de que la pudiera transmitir, ya no digamos con mi boca, sino con mi mente. Esta fue la primera vez que advertí cuán rápido podía ser comunicarse con entidades. En vez de tener que tener una conversación al respecto, Jessie había recibido la imagen completa tan rápido como yo pude procesarla. Había oído mi pensamiento aun antes de que me diera cuenta de que tenía un pensamiento. Pensar es un proceso tan lento; saber y recibir son más veloces que el rayo.

Con la ayuda de Gary, liberé a mi primera entidad sólo con escuchar y proporcionar la simple respuesta a su pregunta.

No sé por qué Jessie no sabía dónde estaba su vestido de novia, y por qué Gary y yo tuvimos que hacer todo el trabajo para encontrarlo. Pensarías que una entidad sería omnisciente o podría acceder a más información que nosotros que estamos de este lado, pero sencillamente no es así —y ésta fue mi primera experiencia de esa realidad. Sólo porque alguien está desencarnado no significa que es más capaz o ve más que nosotros que estamos de este lado. Las entidades pueden estar perdidas y confundidas, igual que la gente.

Doy gracias a Gary y por esta oportunidad, puesto que, de otro modo, me habría fácilmente vuelto la niña trastornada que se ponía histérica con los muebles. La fortuna hizo que Jessie y yo cruzáramos caminos y nos ayudáramos mutuamente.

La ayudé a darse cuenta de que no tenía que sentarse sobre un baúl para toda la eternidad, preguntándose a dónde había ido a parar su vestido de novia, y ella me ayudó a aclarar que realmente estaba viendo y oyendo entidades, aunque no lo admitiría plenamente aún por muchos años.

Al poco tiempo después de esta limpieza (la partida de Jessie), Gary pudo vender el baúl por un buen precio, siendo que no había sido capaz de venderlo durante todo el tiempo que lo tuvo (más de un año y medio). ¿Quién habría querido comprar un objeto, sin importar cuán hermoso fuera, con una entidad desquiciada sentada en él? La gente no podía ver a Jessie, pero podía sentir algo y los repelía del baúl, aun cuando no pudieran señalar qué era.

Drogas y alcohol

Mi hermano mayor, Adam, tenía once cuando yo nací. Un año más tarde, cuando tenía doce, ya estaba usando drogas duras. Adam simplemente huyó de casa a la edad de 12 años para criarse en las calles de Los Ángeles.

No crecí con Adam en la casa. Mi relación con él consistía en verlo de vez en cuando. Era más un primo distante que un hermano. Cuando estaba con nosotros, era efímero y agridulce. Lo amaba desesperadamente, pero él no podía hallar paz, sin importar lo que nadie hiciera por él. Casi la totalidad de su adolescencia, Adam la pasó entrando y saliendo de rehabilitación, detención juvenil y, eventualmente, en prisión.

¿Por qué eligió esto Adam? Además de su elección, yo creo que era atormentado por espíritus y demonios que no lo dejaban nunca solo y perpetuaban su uso de drogas. Cuantas más drogas usaba, más espíritus dejaba entrar.

Muchas personas que son tremendamente conscientes usan drogas y alcohol para bloquear lo que perciben, como si las drogas fueran a eliminar las voces que oyen en su mente o la información psíquica que reciben de la gente. Tratan de encontrar maneras para no tener las percepciones que están teniendo.

También usé drogas cuando era adolescente, en gran parte por curiosidad, y también para bloquear mis percepciones de las entidades. Por supuesto que no funcionó, sólo empeoró las cosas. No puedes apagar un talento o una habilidad o hacerlos desaparecer; sólo puedes volverte inconsciente de ellos. Encerrarlos y suprimirlos sólo crea la ilusión de que no están ahí. Puede parecer que funciona, pero tarde o temprano explotarán de donde sea que se oculten, manifestándose en toda suerte de formas extrañas. Para mí, ocultarlos resultó en un cúmulo de emociones intensas e ira.

Yo compartía mi habitación con Adam cuando regresaba a la familia, después de ausentarse o estar desaparecido en lo que parecían años. Esas noches en las que compartía mi habitación con él estaban a menudo llenas de pesadillas de terror y demonios. Me despertaba sudando y veía al flaco de mi hermano recostado junto a mí profundamente dormido. En aquella época, cuando éramos chicos, tenía un tatuaje enorme en su espalda de un hombre demoniaco con alas como de dragón y la cabeza de espíritu maligno, como las criaturas de los álbumes de *Iron Maiden*. En la actualidad, ya lo cubrió con un motivo japonés estéticamente más agradable. En aquellos días, sin embargo, el espíritu en su espalda me miraba fijamente y me inmovilizaba con su poder. Puedo imaginar cómo se sentía Adam con todos esos espíritus en su vida (de hecho, sí sé cómo se sentía, ¡diablos!). Adam nunca pidió ayuda, y todos veíamos desaparecer a mi lindo hermano. Fue remplazado por un ser tormentoso, violento y enojado que lo llevó a profundidades que nunca conoceré y ni siquiera deseo imaginar.

Adam fue mi primera experiencia en tratar con entidades violentas y oscuras, lo cual no me hace amarlo ni un poco menos o juzgarlo más. La experiencia con mi hermano me dio la habilidad para ver lo que las drogas y el alcohol pueden hacerle a una persona y lo que ésta invita con ellos. En un momento, Adam estaría ahí, y al siguiente, otro ser estaría mirando a través de sus ojos.

Yo distinguía la diferencia entre él y los espíritus, pero no estoy segura de que él lo hiciera. Sospecho que abandonó la casa para no exponernos a sus demonios. Les permitió que dirigieran su vida y supongo que le gustaba; de otro modo, no lo habría elegido.

Un demonio es una entidad que es generalmente descrita como un espíritu malévolo; no obstante, la palabra demonios era originalmente *daemon*, latinizada del griego. Un demonio es un espíritu bueno o malo o ambiguo, o simplemente, un espíritu. La connotación negativa de los demonios no fue atribuida sino posteriormente, con la difusión de la cristiandad. Los demonios estaban entre los humanos y los dioses en la mitología griega. Con frecuencia, se trataba de espíritus de héroes fallecidos. Como con muchas otras cosas, el significado y definición originales de la palabra han sido perdidos y tergiversados a través del tiempo.

Creo que, de hecho, los demonios son lo que la gente usa para justificar sus propias elecciones e inconsciencia. Desde luego que los espíritus pueden influir en la gente, así como la gente puede influir en ellos. Pero las elecciones y acciones que las personas emprenden son, de cualquier modo, su elección. Decir que los espíritus los poseen o que tienen demonios es ignorar completamente la responsabilidad de la persona.

Sin embargo, usar drogas y alcohol puede y de hecho atraerá a una persona el tipo de entidades a las que les gusta estar cerca de la energía de las drogas y el alcohol. Puede ser el espíritu de una persona que murió de una sobredosis de drogas o que era alcohólica. Ya no tienen un cuerpo, pero les interesa seguir usando drogas y alcohol. Por lo tanto, encontrarán un cuerpo a través del cual puedan usar drogas y alcohol.

Traigo esta historia a colación para ilustrar lo que las drogas y el alcohol pueden hacerle a una persona y a una vida. Usar drogas y alcohol te abre a entidades inconscientes y anticonscientes. Cuando digo "usar drogas", me refiero a drogas recreativas y farmacéuticas. Cuando hablo sobre usar alcohol, me refiero a consumir lo suficiente como para volverte inconsciente y no presente.

Cada vez que eliges drogas o alcohol, estás cerrando los canales a través de los cuales el universo puede guiarte y proveerte. Con esto también viene una cantidad gigante de entidades inconscientes y anticonscientes a las cuales no les preocupa tu mayor bien.

Esta es la razón por la que algunas personas parecen escalofriantes o que tienen sombras en torno suyo. La persona no es escalofriante; las entidades a su alrededor están creando esa vibración.

Si conoces a alguien que es un bebedor empedernido o consumidor intenso de drogas y no puede parar sin importar cuánto lo intente, es muy probable que tenga entidades conectadas que desean beber o usar drogas. No es que la persona quiera beber, es la entidad. La entidad envía constantemente el mensaje al cuerpo de la persona de beber o consumir alguna droga. Libera la entidad y será más fácil para la persona dejarlos.

Alguien que es un alcohólico o usuario de drogas de años puede tener literalmente miles de entidades unidas a él. Estas entidades pueden liberarse, pero la persona puede fácilmente jalarlas de vuelta o atraer más si continúa tomando elecciones inconscientes.

A algunas personas les gustan sus entidades inconscientes: las entidades se sienten familiares y cómodas. Si apartas las entidades, liberándolas o por otro medio, la persona se puede sentir incómoda o sola. Una elección es una elección. Tal vez pienses que la persona estará mejor sin las drogas, el alcohol y los espíritus, pero quizá ella no esté de acuerdo.

Ritos de paso

¿Cómo sería el mundo si todos estuviéramos empoderados para ser tan grandiosos como quisiéramos y nos dijeran que no estamos ni bien ni mal, sino que somos más bien magníficos más allá de nuestros sueños más descabellados?

Con frecuencia, he observado a profundidad el mundo de un adolescente. Los adolescentes tienen aún la clave de la infancia y encarnan la fuerza venidera de la edad adulta. Están vivos con la energía de la juventud y empiezan a aprehender las reglas de este mundo. Algunos adolescentes sobrellevan esta época con gran facilidad y disfrutan su tránsito a la mayoría de edad, mientras que otros lo hacen con dificultad.

Creo que los adolescentes son algunas de las personas más poderosas en el planeta. Un adolescente empoderado es una fuerza que hay que tener en cuenta. Aún no hay sucumbido del todo a las limitaciones de esta realidad. Un adolescente desempoderado también es una fuerza que no hay que ignorar, aunque tal vez sea más destructiva que grata.

Si hicieran una encuesta acerca de cómo la gente recuerda su adolescencia, recibirían muchas respuestas diversas. Para mí, ser adolescente fue casi como el infierno. Si hubiera simplemente podido saltar esa parte de mi vida, lo habría hecho.

La preparatoria fue una tortura, además de pavorosamente aburrida. Sencillamente no me enseñaban nada que me interesara o me importara.

Una anomalía extraña me ocurrió cuando entré en la adolescencia. Cuando tenía alrededor de 13 y 14 años, fue cada vez más difícil para mí la vida, como le sucede a los adolescentes. Tenía sentimientos fuertes y extraños que no entendía ni cuestionaba; lentamente me volví más huraña e infeliz. No entendía cuán diferente era mi familia ni cuán distinta era yo. Me la pasé los siguientes 10 años tratando de encajar con todos los demás sin darme cuenta de que eso es lo que estaba haciendo.

A pesar de que Gary tenía reuniones semanales de canalización, en las cuales la gente venía a casa y se sentaba en una sala oscura mientras Rasputín hablaba a través de él, yo andaba por el mundo sin admitir que veía y oía entidades. Eso era algo que a mis padres les gustaba, en lo que a mí respectaba. Yo realmente no tenía una opinión sobre lo que mis padres hacían ni de sus aficiones, pero pasé rápidamente a que me importara mucho lo que mis amigos pensaban de mí. Yo tan sólo quería ser popular y gustarles.

No publicitaba ni compartía con mis amigos lo que hacía Gary; simplemente era algo de lo cual no quería hablar. Nunca me opuse a ello; tan sólo no quería lidiar con los juicios y preocupaciones que otras personas tendrían acerca de las aficiones de mis padres. Y después de todo, ¿a quién no avergüenzan letalmente sus padres durante la adolescencia?

Hice mi mejor esfuerzo para cortar todas mis percepciones sobrenaturales, y cuando tenía quince años, creía que vivía en un mundo como el de todos los demás. El único inconveniente era que cada vez estaba más enojada y más deprimida. Mis padres intentaron ayudarme en todas las formas en las que se los permití, aunque obstinada, no quería oírlos ni recibir su ayuda.

Puedo mirar hacia atrás ahora con consciencia y ver que la ira y la depresión eran el resultado de resistir y negar que estaba oyendo las voces de los muertos. Luchar en contra de las percepciones sólo las distorsionó, convirtiéndolas en sentimientos intensos. Era más fácil decir que estaba alterada, en lugar de decir que estaba hablando con personas muertas. Estaba mintiéndome a mí misma sobre quién era y lo que era real para mí. No podía hacer que mis percepciones encajaran en el mundo en el que creía vivir. No quería ser esa clase de friki o bicho raro.

En mi adolescencia, me di cuenta de que el mundo en general no aceptaba abiertamente a la gente que hablaba con fantasmas. Si le decía a alguien que yo veía y oía los espíritus, podía ser severamente juzgada y, si hubiera vivido en otro tiempo o país, habría podido ser vulnerada o cazada como bruja.

En la preparatoria, aprendes álgebra, no comprensión de la energía psíquica y comunicación con las entidades 101. La última habría sido mucho más útil para mí. ¿Quién necesita saber teoría pitagórica cuando tienes dando vueltas en tu cabeza día y noche los asuntos inconclusos de los fallecidos? Me habría gustado ir a Hogwarts.

La única clase que me gustaba era Arte. Fui tan enojona y gruñona durante mi adolescencia y creía que odiaba tanto a todo mundo, que hacer amigos no era una de las prioridades en mi lista. Extrañamente, mis dos mejores amigas durante la preparatoria eran cristianas convertidas; irónico, lo sé. Estaban súper involucradas con sus familias y la iglesia, pero, por alguna razón, eso nunca interfirió con nuestra heterogénea pandilla. Realmente no nos importaba cómo era la vida casera de las otras, y estar con ellas era muy fácil para mí. Todas éramos obsesas del arte y nos llevábamos tan bien como era posible para tres adolescentes raras, enojadas e introvertidas. Casi nunca vi a sus padres, lo cual es extraño, porque pasábamos casi todo el tiempo juntas.

Nunca asistimos a ningún baile o función escolar, y ni siquiera fui a mi propia graduación. No podía soportar estar junto a la mayoría de la gente, particularmente en grandes grupos. Me juzgaba terriblemente por ello. Llamarme antisocial sería un eufemismo. Me retiraba a lugares remotos en mi mente y sostenía mi respiración, esperando a que la vida pasara por mí y se terminara.

Mi hermanastro Sky y yo habíamos estado en la misma clase juntos desde segundo grado, pero cuando llegamos a onceavo, cada vez se aparecía menos en la escuela. Finalmente, un día sólo dejó de ir. Me habría encantado imitarlo, pero no era para nada tan fácil para mí hacerlo. Sky estaba viviendo en casa de su mamá y lo dejaba hacer casi todo lo que quería. En ese entonces, yo vivía en casa de mi madre con Gary, y ella no consentiría que yo dejara la escuela. Así que me quedé en la escuela por miedo a la ira de mi madre.

Con el fin de terminar la escuela, fui a la deriva en mi mente hacia el país de ninguna parte. Cada vez estaba menos presente para evitar (perdonen el dramatismo) la agonía de tener que hacer día tras día algo que no tenía nada que ver conmigo como ser; fue más como robotizarme para tener las mismas respuestas que los demás.

Mi comportamiento típico involucraba saltar entre episodios paralizantes de dolor y alegría violentamente maniaca interrumpida por explosiones de agresión e ira. Si hubiera consultado a un psiquiatra, seguramente me habrían diagnosticado con trastorno bipolar, pero esto no explicaba lo que sucedía en aquel momento, según lo entiendo ahora.

Tenía lo que yo ahora humorísticamente llamo "el síndrome de Tourette de los psíquicos." ¡Si alguien en torno mío estaba suprimiendo algún sentimiento de ira o tristeza, les hacía el favor de expresarlo por ellos! ¿No era lindo de mi parte? El resultado fue que acabé pareciendo un caso totalmente perdido. Mientras tanto, yo pensaba que debía haber algo malo conmigo, porque no podía poner bajo control ninguno de "mis" sentimientos. Así que hice lo que cualquier otro adolescente extremadamente sensible que escucha voces en su mente, habría hecho: caí en las drogas. Las drogas apagaban las voces transitoriamente y aligeraban toda la densidad. Me mostraron un mundo en el que la magia tal vez sería posible.

No sugiero ni abogo por que las drogas sean una solución o una respuesta de ningún tipo. La consciencia es un verdadero "viaje." Las drogas son un "viaje" artificial y falso, que muy frecuentemente, te dejan más extraviado de lo que estabas en primer lugar. También pueden facilitar que una persona atraiga más entidades, como ya mencioné antes. Parecen divertidas, mas el daño que pueden provocarle a alguien rara vez vale la sensación temporal que proporcionan.

Me gradué de la preparatoria totalmente aturdida, y al final de ese verano, me mudé a Nueva York para ir a la escuela de arte en Brooklyn. Imaginen a una chica psíquica de 17 años suelta en las calles de Nueva York. No creo que haya pasado un momento de mi estancia en Nueva York sin estar drogada con algo; es un milagro que haya hallado mi camino de vuelta a casa. No parecía soportar el peso de lo que estaba experimentando en el mundo. Prefería por mucho refugiarme en mi imaginación inducida por las drogas, donde todo era, a todos los fines y efectos, mejor.

Irónicamente, fue durante ese tiempo que empecé a abrirme a las posibilidades de trabajar más y más con Gary.

Access

Un día de 1991, cuando yo tenía como once años, Gary recibió una llamada telefónica de un cliente que vivía en Nueva York. Este tipo le preguntó a Gary si podía volar para hacer un masaje guiado por canalización. Gary le preguntó: "¿Cuánto me pagará?" y "¿Tengo que tocarlo?" No estoy segura de cuánto efectivo se trató, pero el cliente le aseguró a Gary que él no haría el masaje; el canalizaría y le diría al masajista lo que hacer. Gary aceptó y voló a Nueva York. Fue durante esta sesión que canalizó las primeras herramientas de Access Consciousness. Access se convertiría en el trabajo de vida de Gary y me daría el espacio para ser quien soy hoy.

En 1992, en una noche cálida de verano, en el estudio del garaje trasero de la casa de Santa Bárbara, Gary canalizaba las primeras clases de Access. Cuatro personas asistieron a su clase inicial. El material de estas clases se ha convertido en las herramientas primordiales de Access.

Después de hacer la canalización, Gary escuchaba las grabaciones de las clases para aprender los procesos e información. Explicaba que tenía que escuchar las grabaciones, porque cuando canalizaba, era como estar parado en un largo corredor, lejos de su cuerpo. Al principio, a veces no recordaba lo que había canalizado en las sesiones. Esto cambió con el tiempo, pero al principio no había muchos recuerdos.

Lo primero sobre lo que Gary empezó a hablar cuando estaba canalizando era de algo que se llamaba Las Barras. El proceso práctico denominado Las Barras emplea un leve toque en la cabeza, contactando diferentes puntos que corresponden con diferentes aspectos de la vida de cualquiera. Por ejemplo, hay puntos para el gozo, la tristeza, el cuerpo y la sexualidad, la consciencia, la amabilidad, la gratitud, la paz y la calma. Hay incluso una barra del dinero. Se llaman barras porque literalmente corren de un lado de tu cabeza al otro. Al hacer contacto gentil con estos puntos, liberamos todos los pensamientos, sentimientos, emociones, consideraciones y juicios acumulados que tenemos con relación a dicho aspecto. Una sesión de barras libera de 5,000 a 10,000 años de consideraciones. ¿Puedes imaginar cómo es eso?

Bueno, permíteme contarte: te levantas sintiéndote muchísimo más ligero, con "basura" limpiada, que ni siquiera sabías que te estaba molestando, que ya no está más ahí. En esencia, activar las barras crea muchísima más claridad y, en última instancia, consciencia.

Colocar nuestros dedos en estas barras libera el componente electromagnético que generamos en nuestro campo energético cuando nos sentimos mal o tristes o tenemos un juicio. La ciencia nos dice ahora que literalmente programamos nuestros cerebros al tener los mismos pensamientos o experiencias repetidamente. A la edad de cinco o seis, tenemos ya muy poco espacio para el cambio; hemos programado nuestros cerebros. Esto se llama vías neurosinápticas.

Al principio, no sabía cómo asimilar lo que estaba sucediendo durante o después de estas sesiones de barras, pero cuanto más las hacía, más me volvía consciente del cambio drástico que acontecía en mi personalidad y en mi vida. Comencé a sentirme más ligera y feliz, me sentía más cómoda con otras personas, y sabía que era también más fácil para otras personas estar a mi lado.

Dormí profundamente durante mi primera sesión de barras, o lo que creía era dormir en esa época. No era exactamente el tipo de sueño que ocurre en la cama durante la noche; era una especie de lugar espacioso y ensoñado en el que podía oír todo lo que sucedía a mi alrededor. Mi cuerpo estaba en un estado de profunda relajación que yo equiparaba al sueño porque nunca había experimentado algo así antes.

Cuando volví a mi cuerpo de donde quiera que haya estado, estaba en la camilla de masajes; Gary había terminado de canalizar y me sonreía. Traté de moverme, pero no podía pararme; mi cuerpo no reaccionaba, por lo que me quedé recostada ahí durante lo que pareció una eternidad, hasta que aterricé de vuelta a esta realidad. Cuando finalmente pude levantarme, casi caí cuando mis pies tocaron el piso. Todo en mi cuerpo había cambiado: mi propiocepción había cambiado. No estaba aún acostumbrada a este nuevo cuerpo mío. Todo era muchísimo más ligero; de hecho, estaba mareada y aturdida. Inconsciente sobre qué hacer conmigo en este estado, me disculpé y a tientas fui a la cama.

No fue sino hasta años más tarde, cuando vi el cambio dinámico que Access estaba provocando en Gary, y hasta que yo estuve lo suficientemente desesperada, que verdaderamente me interesé en Access. Access resultó ser un milagro, que no había siquiera advertido que estaba pidiendo.

En 1998, cuando estaba viviendo en Nueva York, Gary vino a la ciudad para participar con un stand en una de esas ferias de salud, bienestar y capacidades psíquicas. Yo pasé a visitarlo. Él y otras personas estaban activando Barras e introduciendo a la gente a Access. Me invitó a que me recostara en la cama de masajes para que activaran mis barras, y pronto, las lágrimas comenzaron a rodar y me encontré llorando. Cuando me di cuenta, estaba sollozando intensamente y no podía detenerlo pese a lo avergonzada que me sentía. Simplemente salió de no sé dónde y no lo pude contener. Mientras tanto, Gary continuaba activando mis barras y diciéndome que estaba bien y que simplemente lo soltara, así que lo hice. Eventualmente pasó y Gary terminó de ejecutar mis barras, me senté sintiéndome más ligera y más clara de lo que me había sentido en lo que parecían años. Ni siquiera había notado cuán densa me había sentido, hasta que todo se fue, sea lo que "eso" haya sido.

Después de recomponerme y abrazar a todo mundo, especialmente a Gary, me dirigí al metro para volver a casa a mi apartamento en el Upper West Side, ya que tenía una clase en la mañana. La feria estaba en la calle 34, y para aquellos que no conozcan la ciudad de Nueva York, es una de las calles más concurridas de Manhattan. Salí por la puerta del edificio y me dirigí a la parada de metro, pero en mi camino, noté a una mujer parada al lado de la amplia acera, en la calle. Estaba inclinándose hacia algo, y cuando fui a ver qué era, me quedé atónita. Ahí en el piso, en medio de la calle 34 de Manhattan había muchísimos billetes de 100 dólares saliéndose de una chequera. Tan pronto como registré lo que veía, la mujer que estaba agachándose me miró con una súplica en sus ojos. Caminé hacia ella y ambas nos quedamos ahí de pie contemplándolo. Todos los cientos de personas que caminaban en la calle ni siquiera no notaron. Nueva York es muy divertida en este sentido; hay tanta gente, pero nadie ve nada. Podrías estar ahí en el piso muriendo y la gente pasaría sobre ti.

La mujer me miró y me dijo que le asustaba y que yo debería encargarme de ello. Eso fue lo que dijo literalmente, y con ello, se fue caminando. No estoy bromeando; dijo que eso la asustaba. Yo pensé: "¡Mierda, lo tomaré!" Recogí todo, lo puse en mi bolsa y me apresuré al metro, esperando que nadie viniera tras de mí.

Llegué a casa y en la seguridad de mi habitación, cerré la puerta y saqué el efectivo para examinar mi hallazgo. Lo conté por primera vez; eran $800.

El tema era que el dinero estaba dentro de una chequera y, para mi sorpresa, tenía el nombre y dirección de la mujer, pero ningún número telefónico.

Ella vivía en Vermont. Pensé en mis dos opciones. Podía quedarme el dinero, pero sabía que realmente no lo disfrutaría en esas circunstancias, o lo podía devolver. Decidí escribir una carta a esa dirección, para comunicarle que había encontrado el dinero, y si no tenía noticias de ella en tres semanas, me lo quedaría. Si me contactaba, se lo enviaría.

Dos semanas más tarde, mi genial teléfono retro azul celeste sonó y ahí estaba, Srta. Vermont, declarando exaltadamente cuán increíble era que encontrara el dinero y cómo había renovado su fe en la raza humana al ofrecer devolverlo. Yo pensé: "Bueno, eso es una muy buena recompensa, la renovación de la fe." Me dijo que me quedara con $200 en señal de agradecimiento, lo cual fue irónico puesto que justamente me había gastado $200 en marihuana.

Unas semanas más tarde, tuve una cita con una de las mujeres que estaba aprendiendo Access con Gary. Había estado ahí en la feria de psíquicos. Ella era terapeuta de Shiatsu y yo iba a tomar un tratamiento. Quiso el azar que terminara haciendo Access conmigo, lo cual fue agradable. Me fui de su oficina sintiéndome más ligera y más expandida. Tomé el ascensor a la planta baja y, cuando se abrieron las puertas al lobby, había un carrito de conserje enfrente mío con una bolsa gigantesca llena de basura encima. Estaba a punto de rodearlo cuando espié algo: un billete de $20 asomándose hacia mí desde el fondo de la bolsa. Pensé: "¿Por qué?"

"¡Hola!", y con mi dedo hice un pequeño agujero en la bolsa para rescatar el billete y continuar mi camino.

No me di cuenta hasta años más tarde que estos hallazgos de dinero eran el resultado directo de Access y mi capacidad para recibir más del universo. Usar las herramientas de Access cambió algo en mí, y las cosas estaban apareciendo como por arte de magia. Gary dice a menudo: "No tienes un problema de dinero; tienes un problema de recibimiento. Estate dispuesto a recibir más y el dinero será un producto derivado."

Las cosas empezaban a cambiar para mí, y sólo fue una cuestión de tiempo el darme cuenta plenamente del alcance de lo que era posible y mis habilidades con las entidades.

Al terminar mi primer año escolar en Nueva York, decidí volver a casa. Hay una diferencia drástica entre las costas oeste y este de los Estados Unidos. Extrañaba a mi familia y el clima californiano. Decidí transferirme a una escuela de arte en California. Me mudé a Oakland, que está del otro lado de la bahía de San Francisco, para reunirme con mis amigos de Santa Bárbara, quienes también iban a la escuela en Oakland. Recuerdo haber llorado al mirar por la ventana del pequeño avión que me llevaba de vuelta a Santa Bárbara. Para aterrizar en Santa Bárbara, vuelas sobre el océano, y estaba azul y brillante. Había extrañado la belleza del sol y el mar de California. Fui a la escuela en Oakland y me mudé ahí para darle a la escuela de arte otra oportunidad.

Para ese entonces, hablaba con Gary por teléfono con mayor regularidad, pidiendo ayuda para mi vida. Realmente empecé a darme cuenta de que Access estaba funcionando, porque podía llamar a Gary presa de una histeria total, y en cuestión de momentos, estaba totalmente tranquila. Cuando colgaba con Gary, apenas podía acordarme de por qué estaba tan alterada en primera instancia.

Elegí dejar la escuela de arte y dedicarme a Access de tiempo completo. Mi madre odió esto, pero Gary me permitió hacer la elección. Sabía que tenía que hacerlo. La escuela de arte era divertida porque pasaba todo mi tiempo haciendo arte, pero la parte difícil para mí era que era como una gran fiesta sin fin. Algunos podrán pensar que esto suena grandioso, pero a medida que me volvía más consciente, era más difícil para mí estar cerca de todas las drogas y el alcohol. Los artistas festejan de manera más intensa y van a lugares más raros en sus vidas y mentes que cualquier otra persona que conozca. A medida que me volví más consciente, también empecé a notar que no tenía ninguna conexión real con nadie en la escuela, y que nadie más estaba teniendo una conexión real con nadie. Estaba experimentando una conexión, de la cual estaba ávida, con la gente que conocía en Access. Me sentía totalmente no juzgada y cuidada; además, cuantas más clases de Access hacía, todo se volvía más feliz y más fácil.

Me mudé de Oakland a Santa Bárbara, conseguí un apartamento y empecé a enseñarle a todos mis amigos y a cualquiera interesado cómo ejecutar las Barras y hacer Access.

Cuanto más hacía Access, me volvía más y más consciente. Siempre había percibido las entidades, ya sea que quisiera o no admitirlo, pero estaba totalmente desprevenida, o así lo creía, para lo que vino a continuación.

Las señales sobre el hecho de que las entidades eran parte de mi vida eran irrefutables. El susurro de sus voces en mis oídos y un ligero roce en mi hombro, cuando trataban de captar mi atención, eran sucesos diarios. Mi apartamento se llenaba con la niebla de su presencia. Un día, como si se encendiera el interruptor de una luz, estaban todos ahí.

Las entidades dijeron: "Hola, Shan, ya pasó cierto tiempo... Sabemos que has estado intentando evitarnos y tuviste, de alguna manera, éxito... pero ahora que has elegido ser más consciente, vamos a andar por ahí mucho más."

Con renuencia, dije: "Ok. Siento haberlas ignorado, pero realmente no estaba lista antes."

Las entidades respondieron con la simple oración: "Pongámonos a trabajar."

PARTE DOS
La frontera

"Todo es posible.
Sólo nuestra elección nos separa de ello."

~ Gary M. Douglas ~

Bosque encantado, Tierra encantada

A los veinte años, visité Nueva Zelanda por primera vez. Gary estaba haciendo ahí una clase intensiva de 10 días. Estábamos en un lugar llamado Rotorua, cerca de tres horas al sur de Auckland.

Rotorua es famosa por su actividad geotérmica y sulfurosa subterránea. El primer día que llegué, corrí a través de un arroyo y ¿adivinen qué? ¡Estaba caliente!

La propiedad donde se realizaba la clase era un terreno hermoso de proporciones épicas. Gran parte de la propiedad había sido limpiada para pastoreo de ganado, así que había muchas colinas onduladas y tornasoladas, bordeadas por un bosque espeso de oscuro verdor. Alrededor de una de las grandes colinas sinuosas descendía un sendero a través del bosque que parecía salido de El Señor de los Anillos que conducía a un lago encantado de color jade.

El primer día que hallé este sendero, no lo tomé. Caminé al borde del bosque, y sin saber por qué, me di vuelta para explorar otras partes de la propiedad. Ese día hallé una tirolesa. (Una tirolesa es llamada flying fox en Australia y Nueva Zelanda. Es una gran pieza de cable que pende de un punto más elevado a otro inferior con una polea y un asa que te desliza hacia abajo.) Pasé la mayor parte de la tarde corriendo a la cima de la colina, deslizándome hacia abajo tan rápido como pude, con mis rodillas pegadas al pecho, y corriendo de vuelta a la cima para hacerlo una y otra vez. Me encanta Nueva Zelanda.

Volví al sendero el segundo y tercer días, y una vez más no entré al bosque. El cuarto día, el calor se volvió sofocante y pensé: "Tengo que ir a ver ese lago y nadar ahí."

Mientras permanecía en el borde del bosque, sólo mirándolo, tuve un sentimiento muy extraño, aunque no supe realmente de qué se trataba. Me dispuse a caminar y me adentré en el bosque.

Tan pronto como me hallé entre los árboles, la brillante luz matinal se difuminó en una neblina verde casi brillante. Los árboles eran gruesos y enormes, anudados juntos. El suelo del bosque estaba cubierto de una espesa capa de helechos. Algunos de los helechos eran más altos que yo, y el musgo de un verde vivo crecía en los troncos de los árboles. Los cantos de los pájaros me atrajeron hacia lo profundo del bosque, y conforme descendía, comencé a oír lo que juro era una carcajada, y sentí como si luces parpadeantes se encendieran en las ramas de los árboles.

Vi algo centellear con el rabillo del ojo, pero cuando volteé a mirar, no había nada. Había algo que se movía velozmente en el sendero, sólo que fuera de mi vista. Al principio, pensé que me estaba tropezando con las rocas, pero después se sentía como si me estuvieran haciendo tropezar.

Le grité que parara, sin saber a quién me dirigía, y paró.

Continué por el sendero y, en cierto momento, llegué al gran lago verde claro que estaba rodeado casi por todas partes de muros rocosos. Podía ver el otro lado del agua, pero realmente se veía lejos. Me mantuve de pie y absorbí el cálido sol matinal y las vistas majestuosas de este apacible lugar virgen y vivo. Me quité los zapatos y me quedé con los dedos de los pies a la orilla del agua.

Hacía mucho calor, a pesar de que era muy temprano por la mañana, y realmente tenía ganas de zambullir mi cuerpo en el agua fresca, pero algo me impidió entrar al lago. El leve destello del agua ondulante parecía decirme algo. No era cognitivo, pero estaba transmitiéndome el mensaje. Los espíritus del agua no querían que yo entrara. En ese momento, no pensé cognitivamente: "Oh, los espíritus del lago no quieren que yo entre." Sólo supe que no iba a meterme al agua. El agua era hermosa, pero había también algo inquietante y extraño en ella.

Así que sólo me di la vuelta y subí el sendero para tomar una ducha e ir a la clase.

En el camino de vuelta, me detuve a contemplar la energía alrededor de los árboles y ese algo hipnotizante emanando a través de las hojas.

En esa época, tenía veinte y apenas salía de aquellos años en los que había tratado de no estar consciente de este tipo de cosas. No era plenamente consciente de lo que estaba captando en ese bosque de Nueva Zelanda esa mañana cálida de verano del año 2000.

Algo empezaba a surgir en mí. Algo estaba despertándome y transformándome.

Mis dedos empezaron a hormiguear y temblar, y mi cabeza se sentía ligera. Mi visión comenzó a deformarse y vibrar. Me senté en el sendero y tuve que poner las palmas de mi mano en la tierra, y entonces las voces de los espíritus de los árboles comenzaron a venir a mí. Se carcajeaban y reían y hacían cosquillas en mi cara.

En otras circunstancias, habría pensado que estaba drogada, pero esto era real; estaba realmente sucediendo. No podía descifrar exactamente lo que decían, pero los seres de este lugar natural estaban interviniendo en mi vida para sanarme, transformarme y mostrarme otra posibilidad. Llámenlos hadas, ninfas o como quieran, este lugar estaba lleno de espíritus. No espíritus humanos, sino más ligeros, más brillantes, mucho más resplandecientes.

Empecé a ver otra dimensión, en la que mi mente no hallaba sentido y comencé a sentir miedo. Tan pronto como vino el miedo, todas las risas y el resplandor se detuvieron, y supe que lo había detenido. Estaba molesta conmigo, porque perdí los sentimientos gloriosos que estaban corriendo por mi cuerpo, y al mismo tiempo, no sabía a dónde me dirigía ni si estaría a salvo ahí. Estaba confundida sobre cómo dejarme llevar por este lugar mágico y mantener mi cordura.

Y entonces llegó a mi como una tonelada de ladrillos. Recordé una ocasión en que tenía 18 años, y dos de mis amigos y yo caminamos a las montañas de Santa Bárbara para comer hongos mágicos. Recordé cómo me dejé llevar en esa ocasión y los profundos lugares de comunión con la naturaleza a los que me dio acceso la droga.

De hecho, esa fue la primera vez desde la infancia, que vi y supe que había espíritus en el agua y la naturaleza. Mis amigos y yo hallamos un lugar en un arroyo con grandes rocas en las que nos sentamos, y pasé casi todo el día sentada en cuclillas al lado la piscina formada por un profundo pliegue en el arroyo. Todo lo que podía hacer era mirar y mirar fijamente el agua y decir: "¿Pueden ver eso? ¿Ven eso?", pero nadie me escuchó. Mis amigos estaban trepando los árboles. Los espíritus de ese arroyo ese día en Santa Bárbara evocaron algo que nunca antes había sentido. Era una sensación de saberlo todo de siempre y todas partes. Era una profunda sensación de plenitud y paz que no contenía ni sentimientos ni pensamientos, sólo maravilloso espacio infinito. No podría decir si ver y sentir los espíritus en el agua era aterrador o fascinante. Estaba hipnotizada, incapaz de apartarme o meterme en el agua. Sólo me senté en el polvo y las hojas, al lado del arroyo, y continué adentrándome más profundo con mi consciencia en el agua oscura, literalmente con mi cabeza fundida.

Cuando el sol se puso y se agotó el efecto de los hongos, olvidé todo acerca de esos espíritus del agua, hasta que me senté en el suelo del bosque de Nueva Zelanda.

Todo volvió a mí, y era como si me estuviesen abriendo a esa total comunión profunda con la naturaleza ahí, sin drogas. La Madre Tierra me mostró su magia y sus pequeños y poderosos seres vinieron a saludarme. Parecían saber que estaba lista — aunque yo no estaba tan segura de ello.

Comencé a soltarme otra vez a la energía centelleante, y lo que recuerdo a continuación fue despertarme adolorida y húmeda en el suelo del bosque. No sabía dónde estaba por unos momentos, y me tomó lo que pareció una eternidad darme cuenta. Mi cabeza se sentía nebulosa y simplemente no tenía ganas de pararme.

Me senté aturdida y empecé a advertir que había un fulgor extraño emergiendo de las plantas a mi alrededor. Y entonces, algo me hizo advertir que estaba oscureciendo y que tal vez sería buena idea levantarme antes de que ya no hubiera luz. Me tambaleé para ponerme de pie y lentamente subí el sendero del bosque.

Cuando llegué al borde del bosque, me detuve un momento, no sabiendo si deseaba regresar al mundo de los humanos. Sentí como si estuviera siendo forzada a volver con la gente, y lo resentí, pero también sabía que no podía quedarme entre los árboles. Sabía que no era mi lugar.

Cuando salí del bosque, noté que no sólo las plantas del bosque brillaban, también el pasto, e incluso los edificios en la distancia tenían un leve brillo iridiscente.

Tomó 10 días para que desapareciera el brillo, y después, sólo los árboles, plantas y flores brillaban, y a veces, desde luego, la gente consciente.

Al final de ese viaje, Gary me dio un collar tallado en hueso de una criatura mitad dragón, mitad pez. Le pregunté qué era y me dijo que era lo que los maorí llamaban un Taniwha, un espíritu del agua. Pensé: "Oh, eso debe haber sido lo que había en ese lago."

Así que, muchas culturas indígenas, además de creer que hay espíritus en el agua, creen en los espíritus de sus ancestros.

Los balineses, por ejemplo, creen que los espíritus malignos viven en el agua. Yo no diría que los espíritus del agua son malignos; simplemente son profundos y oscuros, y la gente tiende a evitar este tipo de cosas. Para estas personas, es una cuestión de sentido común que hay espíritus en el mundo.

En la época de Shakespeare, era un saber común que los fantasmas formaban parte de la vida cotidiana, y aquellos que se burlaban de los fantasmas eran considerados tontos.

Siempre me causa admiración a dónde hemos llegado como sociedad en lo que respecta al mundo de los espíritus. Creo que algún día miraremos hacia atrás y diremos: "¿Te acuerdas cuando la gente no creía en fantasmas?", así como ahora decimos: "¿Recuerdas cuando pensaban que la Tierra era plana?"

El padre de un amigo viene de visita

La transición de la negación a esgrimir plenamente la espada de mi percepción fue un poco accidentada, como escalar una montaña. Es duro de subida, pero sabes que cuando llegues a la cima realmente te va a gustar. El primer paso fue reconocer que ahí había una montaña. El segundo paso fue identificar el mejor lugar para ascender. El tercero fue simplemente continuar avanzando, una vez que ya había comenzado. Mirar abajo o regresar no era una opción para mí. Aun cuando el camino parecía muy empinado y la idea de seguir avanzando era insoportable, sabía que regresar sería infinitamente más aburrido y menos gratificante que simplemente continuar.

Hallé mucha más paz al transitar los veinte.

Fue entonces cuando conocí a mi primer novio. Estaba trabajando como carpintero en el mismo sitio que el chico con quien compartía mi apartamento en aquel momento. Tom era mi compañero de piso y era electricista. Tom también hacía Access e invitó a Kevin, mi futuro novio, a una sesión de barras. Quiso el azar y el universo que Tom lo olvidara y estuviera en Los Ángeles cuando Kevin vino a tocar a la puerta.

Kevin tocó, yo respondí y el resto es historia.

Kevin fue mi primer novio formal, y trajo consigo muchísimas cosas nuevas a mi vida, como yo a la suya. Él vivía en un bote en la bahía, lo cual era nuevo para mí, y yo creía que era fantástico. Me enseñó a navegar y a leer el tarot, lo cual, aunque no lo crean, nunca había hecho antes.

Una noche, cuando Kevin y yo nos íbamos a dormir, noté la poderosa presencia de un ser al lado de la cama. Era como un pilar gigante de intensidad mirándome fijamente. Realmente no podía evitar ni negar su presencia porque era muy fuerte. Si bien antes hubiera podido ignorarla, ahora no podía. Me asustó, así que traté de liberarla usando algunas herramientas que había aprendido en Access.

Estas herramientas eran generalmente muy efectivas, pero no estaban funcionando en este caso. Persistí con la limpieza, con la esperanza de que el ser se marcharía; sin embargo, el ser continuaba ahí tan fuerte como antes, mirándome fijamente.

Procedí entonces a preguntarle al ser lo que él (yo sabía que era una entidad masculina) deseaba de mí y, sin embargo, no obtuve ninguna respuesta que pudiera descifrar.

Seguí preguntándole qué hacía ahí, mas en vano: no obtenía respuesta.

Finalmente, me rendí por frustración y también sueño. Simplemente me fui a dormir con este ser de pie junto a la cama. Hice que Kevin durmiera del lado donde estaba el ser, sin decirle por qué deseaba cambiar de lado.

A la noche siguiente, nos fuimos a la cama y ahí estaba la presencia mirándome y demandando mi atención. Así que repetí la historia de la limpieza y las preguntas sobre qué quería, todo en vano. Por lo tanto, de nuevo, me dormí.

A la tercera noche, cuando fuimos a la cama, ahí estaba otra vez la presencia. Para este momento, yo me sentía ya terriblemente frustrada, así que decidí mencionárselo a Kevin.

Le conté, como mejor pude, sobre el ser que estaba al lado de la cama.

Mencioné también que había tratado de liberarlo sin éxito. Le conté a Kevin que no podía entender lo que el ser estaba tratando de decirme. Entonces, Kevin me preguntó: "¿Es contigo con quien quiere hablar?" Y fue así como todo se volvió tan claro como el agua.

Había estado haciendo la pregunta equivocada. Este ser no quería hablar conmigo. Él deseaba hablar con Kevin, ¡duh! Y yo lo iba a facilitar.

Estaba escéptica, pero dispuesta a intentarlo para ver qué sucedía. Hice mi mejor esfuerzo por dejar mi punto de vista fuera y sólo ser una boca para lo que sea que fuese a manifestarse.

No tenía idea de cómo Kevin tomaría esto, pero tenía que arriesgarme y ver si realmente había algo ahí.

Vi a Kevin con duda y le pregunté si esto estaba realmente sucediendo. Sonrió casi alegremente y respondió: "Diablos, sí," ansioso y orgulloso de mí a la vez. Para mí era realmente algo inesperado que él estuviera deseoso de que yo presentara esta habilidad. Me di cuenta de que no era algo por lo cual tenía que avergonzarme y que podía interesar a la gente. Éste sería el primero de muchos encuentros que me alentarían a presentar a otros lo que veía y a ser la boca para aquellos que no eran escuchados.

Dije: "Tu padre está aquí ahora, dice que lo siente." Hablaba tan rápido como podía porque no deseaba que mi mente interfiriera.

Con estas simples palabras, Kevin empezó a llorar. Esto nos sobresaltó a ambos; ninguno de nosotros esperaba esta respuesta emotiva. Procedí, continuando rápidamente, deseando aprovechar el momento, ya que ambos estábamos dispuestos. Su padre dijo entonces que estaba orgulloso de él y que sentía nunca haber estado en su vida.

Esto era un mensaje simple, pero fue suficiente. Kevin se convirtió en un mar de lágrimas.

Esto fue un nuevo avance. Pude haber descartado todo ello como algo que estaba inventado, pero la reacción emocional inesperada e incontrolable de Kevin fue toda la validación que yo necesitaba.

Kevin y su padre no habían tenido una buena relación cuando su padre vivía. Había sido un hombre abusivo y obstinado, del cual Kevin hablaba poco y hacia quien sostenía un resentimiento silencioso. Kevin era carpintero y constructor de botes a la medida altamente calificado, renombrado en su área por su fino trabajo y talento. Su padre nunca mostró el menor interés en su trabajo e hizo todo a su alcance para insultar a Kevin diciéndole que era un simple obrero.

Se habían visto poco en los años anteriores a la muerte de su padre, y Kevin no asistió a su funeral cuando murió.

Yo llevaba un año con Kevin y nunca lo había visto así. Éste era un hombre nuevo, el hombre del cual siempre se había mantenido apartado. Sólo me había mencionado a su padre unas cuantas veces en conversaciones casuales. No me había dado cuenta del impacto que su padre tenía en él o que él estaba guardando todos esos sentimientos.

Su padre también expresó que sentía cómo había tratado a la madre de Kevin y le pidió que por favor lo perdonara.

Este evento fue un regalo para todos nosotros. El padre de Kevin me ayudó, al ser tan persistente y rehusarse a marcharse cuando yo no podía entender lo que él quería. Me enseñó que a veces las entidades vienen a nosotros porque desean que demos un mensaje a alguien más.

De alguna manera, no eran las palabras que yo decía, sino la energía que surgía a través de ellas lo que tenía el mayor impacto.

Podía ver que se daba una gran sanación tanto para Kevin como para su padre.

Ésa fue la primera vez que realmente vi cómo facilitar la comunicación entre los fallecidos y los vivos sana y transforma a ambos lados.

Siempre había sabido que había mucho que los vivos podían recibir de los muertos, pero nunca me había dado cuenta de cuánto podían los muertos recibir de los vivos.

El perdón de Kevin le permitió a su padre sanar y pasar a otra cosa.

¿Qué tomaría para que la gente se diera cuenta de lo que realmente les importa en la vida, en vez de hacerlo después de su muerte?

Yo inventé un pequeño truco para hacerme ver lo que realmente me importa en cualquier momento de mi vida.

Imagino que hoy es el último día de mi vida. Me imagino que, para el amanecer del siguiente día, yo ya estaré muerta; y si realmente soy capaz de continuar con esta fantasía, las cosas que realmente me importan comienzan a saltar a la superficie.

Las cosas a las que me estoy aferrando y me están alterando se vuelven irrelevantes en la gran panorámica de las cosas.

Me doy cuenta de que la discusión que tuve con mi hermana realmente no es importante, independientemente de cuánto piense que yo tenga la razón. Me doy cuenta de que lo que realmente me importa a mí no es si un chico me devuelve la llamada, o si tengo suficiente dinero, o si mi trasero es demasiado grande. Es el amor que tengo por todos y por mí misma lo que realmente cuenta. Y decirles a los que realmente amo que los amo.

El mensaje que más aparece con los espíritus es el de amor y perdón. A menudo sólo quieren asegurarse de que una persona en particular sepa que la aman o disculparse por algo que hicieron en su encarnación previa. El mensaje es con frecuencia así de simple y aparece más seguido de lo que jamás habría concebido ni esperado.

He aprendido a través de este "trabajo" de ser médium, que la mayoría de las personas (no todas) no están contentas con la forma en que vivieron sus vidas, y frecuentemente regresan para tratar de remediar o sanar lo que sea que crean que se quedó sin resolver.

Por lo tanto, llamo a la gente con la que he discutido y les digo que lo siento y suelto todo el disgusto. Hago fluir amor a toda la gente en mi vida a quienes quizá no les expresé cuánto me importaban. Destruyo todos mis juicios sobre lo equivocado o correcto de mi vida o lo que percibo que la gente ha sido conmigo o me ha hecho.

Tomo pleno responsabilidad de mi vida y mis sentimientos.

La muerte es el contrincante final; nos hace enfrentar lo que evitamos ver a lo largo de nuestra vida. Te hace darte cuenta de que no hay más tiempo que perder y que el gran cambio depende de ti. Estás alcanzando el filo de la realidad según la conoces. ¿Por qué no vivir en ese filo, permaneciendo alertas en nuestras vidas? Gracias a este ejercicio, no estoy dando por sentada mi vida. Me doy cuenta de que tengo esta encarnación para disfrutar este mundo, y la realidad de su impermanencia es muy verídica para mí.

Esto generalmente funciona por un tiempo, hasta que reconozco que ya no estoy presente en mi vida y hago el ejercicio otra vez.

Cuando me vaya, no quiero estar atorada aquí porque dejé asuntos sin resolver.

Una velada en Nueva Orleans

Kevin se interesaba cada vez más en Access, por lo que propuso que atravesáramos el país en auto hasta Florida, puesto que mi padrastro estaba dando una clase en la península. Me dijo que podíamos ir en su camioneta y acampar y visitar amigos y familia en el camino. Esto me pareció genial; nunca había atravesado Estados Unidos conduciendo y estaba ávida de aventuras.

Me encanto este viaje, ver el paisaje de California del Sur convertirse en los desiertos secos y planos de Arizona y Nuevo México. Texas resultó un poco abrumador: sin líneas estatales para indicar tu progreso, sólo una autopista que se alargaba interminablemente y cielo.

Conducíamos una furgoneta VW 1985 sin estéreo ni aire acondicionado. Aun cuando hubiese tenido estéreo, habría sido difícil escuchar algo debido al rugido del motor y el sonido de la carretera. Para pasar el tiempo, escuchaba la autobiografía de un yogui y "Conversaciones con Dios" en mi walkman, mientras avistaba el paisaje. Los libros fueron lo suficientemente largos como para durar todo el camino y también lo suficientemente interesantes, con sus milagros sobrenaturales y filosofías espirituales, para mantenerme entretenida.

Cuando llegamos al este de Texas, la humedad fue como un golpe en la pared, así que estábamos listos para hacer una parada. Qué mejor lugar para hacer una parada, pensamos, que Nueva Orleans, donde Kevin tenía familia.

Nunca había estado en esta parte de Estados Unidos y no tenía idea de qué esperar. ¿Qué es lo que la gente piensa cuando se menciona el sur?

¿Piensan en el escalofriante musgo español que surge de los majestuosos robles de la región o en tarta de melocotón, pollo frito y té helado?

Yo pensaba en la impecable hospitalidad sureña, grandes cabelleras, sombreros grandes, grandes panzas y muchísimo racismo. Por supuesto que sólo había oído historias de esclavitud y racismo. Estaba en todos los libros de historia. De hecho, nunca había conocido a nadie que fuera lo suficientemente poco sofisticado como para ser racista. Sé que esto indicaba que había tenido una vida ligeramente protegida. Protegida de las horripilantes limitaciones de la humanidad, mas no protegida de las experiencias sobrenaturales que trascienden los cinco sentidos —irónico, lo sé.

Esto es algo que tal vez pueda sonar burdo, pero debo admitir que estoy muy agradecida por los esclavos negros que vinieron a América. La esclavitud fue algo horrible, y lo que se produjo de todo ello es impresionante, en mi opinión. Si los africanos no hubieran sido traídos como esclavos, ¿tendríamos jazz, blues, soul, hip hop o rock and roll? Sencillamente no puedo creer que alguien pueda trabajar tanto como para controlar a otra persona; quiero decir, ¿quién es realmente el esclavo? ¿Cómo podrías siquiera hacerlo? Supera completamente mi entendimiento, aunque tampoco entiendo por qué talarías un bosque o matarías a un animal, ya no digamos por qué forzarías a alguien a que sea menos que tú. No obstante, ¿no es grandioso lo que inventaron esos africanos?

¡Gracias, gracias, gracias!

Cuando nos acercábamos a Houston, ya era media noche. Nos detuvimos por gasolina cerca del centro de la ciudad, porque la I-10 (la autopista que va directo del sur de California a Florida, atravesando la parte central de Texas) atraviesa el centro de Houston. Hicimos un alto y apagamos el motor. Mis oídos zumbaban debido al constante ruido de la carretera, y me sentí agradecida por tomar una breve pausa. El calor era casi insoportable debido a la humedad. Recuerdo mi fascinación por el deterioro urbano de la ciudad. Las aceras eran irregulares y estaban desgastadas, con plantas emergiendo a la superficie, rompiendo el asfalto por doquier. Algunos de los edificios estaban descuidados y en ruinas. Houston es una ciudad muy rica; pero es una ciudad, después de todo. Santa Bárbara es un pueblo costero que parece un poco un complejo turístico, y no un lugar real donde la gente vive. En la superficie, Santa Bárbara es perfecto; y estaba aprendiendo más acerca del mundo a través del alma de Houston, tarde esa noche de pleno verano.

Debido a la cantidad enorme, casi irreal, de construcción que tenía lugar alrededor del centro de la ciudad en 1999, pasamos la siguiente hora tratando de descubrir cómo volver a la autopista con dirección al este. La zona de construcción me parecía como el interior de una nave espacial de la película Alien. Todo era oscuro, con cables y cuerdas por todas partes y cemento partido exponiendo las entrañas de la infraestructura de la ciudad. Había coladeras con vapor escapándose de ellas y vueltas interminables que te llevaban a señales peor colocadas que nos dirigían siempre en la dirección incorrecta. Si yo no hubiera sabido lo que sé, habría pensado simplemente que se trataba de mala planeación urbana. Pero recuerdo haberme preguntado qué era lo que nos estaba reteniendo ahí. ¿Había algo que nos estaba bloqueando para no ir de vuelta a la carretera hacia Nueva Orleans?

Después del viaje a Nueva Orleans, recibí el mensaje claramente, pero en ese momento todo parecía simplemente una mezcla entre coincidencia y una gran mano invisible que intentaba ponernos en otra dirección. Finalmente, después de mucho trabajo, hallamos nuestro camino hacia el este en la I-10.

Mientras conducíamos esa noche hacia Luisiana, el amanecer reveló la superficie de un planeta surreal, una tierra pantanosa como jamás he visto. La autopista en esa parte del país se eleva sobre cientos de millas de pantanos. Los musgosos árboles tenían un toque misterioso e inquietante, y sólo podía imaginar lo que yacía por debajo de la superficie del agua marrón. Me preguntaba cómo se asentaron los primeros residentes en esa tierra inhóspita y por qué se molestaron en hacerlo.

Por fin, llegamos a Nueva Orleans y salimos de la I-1 para dirigirnos al norte y cruzar el plano y aparentemente interminable Puente del Lago Pontchartrain, en ruta a la casa de nuestros amigos para dejar nuestras maletas y refrescarnos, antes de explorar la ciudad de Nueva Orleans. Ni Kevin ni yo habíamos dormido una noche entera durante cuatro noches: nos habíamos estado turnando al volante. Uno conducía mientras el otro dormía un rato, o ambos estábamos despiertos, hablando y disfrutando de la libertad de la carretera. Pudimos haber esperado una noche y ponernos al corriente en nuestro sueño, antes de participar de lo que Nueva Orleans tenía que ofrecer; en retrospectiva, esto hubiera sido una buena idea, pero decidimos omitir el descanso por la diversión y nos dirigimos a la ciudad.

Diez minutos después de haber llegado al Barrio francés, me di cuenta de que no iba a ser tan divertido como esperaba originalmente. Las entidades de la ciudad eran todavía más densas que la humedad. Traté de fingir que no estaba sucediendo, principalmente porque en esa época no sabía realmente qué hacer con tantas entidades en un solo lugar —o si incluso debía intentar hacer algo al respecto. Traté de bloquearlo todo y seguir con todos los demás. A veces, me daba cuenta de que este rechazo deliberado funcionaba (más o menos). Al final, sin embargo, el gorila violeta gigante que trataba de ignorar me golpeó en la cabeza las suficientes veces como para darme cuenta de que tenía dos opciones: colapsar bajo su presión o enfrentarlo —sea como sea que "esto" luciera o se sintiera. Empezaba a luchar con sentirme loca de remate. Esta era una consciencia ligeramente nueva para mí; no había estado con esta enorme cantidad de entidades desde que había visitado el Reino Unido cuando era jovencita, y ya lo había olvidado hace mucho. Intenté no ponerle mucha atención; alejé el sentimiento y traté de pasarla bien, pero me sentía cada vez más incómoda.

Mientras caminábamos por las calles adoquinadas, estaba sorprendida de notar tres filas de entidades enfrente de los muros por donde quiera que mirara. Había más entidades en Nueva Orleans que personas. Me preguntaba cómo era posible, así que seguí negándolo. No tenía idea de que pudiera existir algo así.

También me topé con una energía que no había experimentado antes. Era como si yo no hablara el idioma. ¿Estaba captando algo o sólo imaginándolo? ¿Había algo espeluznante aquí o lo estaba inventando? Me mantuve oscilando entre tratar de darle sentido a todo y pensar que estaba loca. Conforme pasábamos más tiempo caminando por la ciudad, comencé a atar cabos. Después de ver la quinta espeluznante tienda de vudú, me di cuenta de lo que no había querido reconocer antes. Los espíritus en las calles de Nueva Orleans sabían vudú, y estaban hablando un idioma que yo no conocía.

Posteriormente aprendí que los africanos que fueron llevados a América como esclavos trajeron consigo su religión: el vudú. Vudú significa literalmente espíritu. Aprendí que el vudú era una religión pacífica y que, debido a la extrema crueldad y opresión de la trata de esclavos, se volvió agresiva e incluso violenta. Los propietarios blancos de esclavos pensaban que la religión nativa era brujería y la prohibieron, forzando a sus seguidores a practicarla en secreto y a cambiar las caras y nombres de sus espíritus deidades por santos católicos europeos.

Los practicantes del vudú llaman a los espíritus pidiéndoles su asistencia y magia. ¡Bienvenidos al sur!

Originalmente, los africanos que fueron traídos como esclavos estaban muy sintonizados con el mundo de los espíritus, puesto que nunca se les enseñó que no existían. Al contrario, se les motivaba a que conectaran con sus ancestros fallecidos. Se les había educado para que creyeran en los espíritus y pidieran su ayuda.

La gente vagaba por la ciudad alegremente, inconscientes de los espíritus que pululaban a su alrededor.

Como mencioné antes, había tres hileras de entidades a lo largo de los muros de la ciudad. La hilera frontal de entidades era de hombres. Permanecían mirando hacia las calles con bocas y ojos vacíos, que eran oscuros por dentro. Parecían contribuir a una expresión masiva, en vez de tener su comunicación individual propia. Esto sonaba como el zumbido de miles de insectos.

Detrás de los hombres estaban las mujeres. Sus ojos estaban más presentes; veían lo que miraban. Eran quienes se encargaban de toda la comunicación, si se pudiera llamar así. Podía descifrar pensamientos individuales saliendo de las mujeres. Detrás de ellas, había una fuerza adicional de energía indefinible; no era humana y era muy oscura, no tenía forma singular propia, aunque su presencia era palpable.

No fue sino hasta después que me di cuenta de que quizá la razón por la que las mujeres estaban detrás de los hombres era porque el vudú engendró una sociedad matriarcal. Los hombres protegían a las mujeres y las mujeres resguardaban la energía detrás de ellas. Creo que lo que guardaban detrás de ellas era la magia "verdadera" de su religión, lo que los africanos trajeron a América que tenía que ser ocultado por miedo al castigo. Tal vez por ello es que estaba tan oscuro detrás de ellas. Lo cubrieron de oscuridad para que nadie lo pudiera ver. Además, la gente tiende a apartar la vista de las cosas "oscuras", así que ¿qué mejor lugar que la oscuridad para ocultar algo que es valioso para ti?

Ahora bien, aunque yo podía ver esto claramente en el ojo de mi mente, seguía tratando con la lógica de sacarlo de la existencia, al simplemente ignorarlo. Era demasiado para ser verdad; sin embargo, conforme avanzó la noche y yo me perdí más y más entre las sombras, empecé a reconocer con renuencia la realidad: esto realmente estaba sucediendo.

Para ese entonces, apenas podía proferir un susurro de protesta para pedir que nos fuéramos "ahora, por favor." Mi mente estaba confundida y turbia, y me puse emocional. Quería quedarme y disfrutar de las nuevas vistas y sonidos de esta famosa ciudad, pero me temblaban las rodillas y sentía que estaba a punto de enloquecer.

Finalmente pude convencer a Kevin de que realmente deseaba irme temprano, así que él tuvo que decir a sus amigos que nos íbamos porque yo no me sentía bien. Todos protestaron y me preguntaron por qué no me sentía bien, y todo lo que pude hacer fue llorar. Con esto, Kevin nos disculpó a ambos y me llevó a la camioneta. No estoy bromeando, estaba tan atontada por todos los espíritus, que había perdido la capacidad para hablar. No fue divertido, pero sí fue una gran experiencia de aprendizaje.

Kevin no parecía molesto por nuestra abrupta partida. Podía verme hacer un esfuerzo y él mismo sentía la oscuridad acechando en las calles.

Más tarde me enteré de que, de hecho, tienen tours a los cementerios y tours de los muertos en Nueva Orleans. Los espíritus son reverenciados y celebrados ahí. No me extraña que ninguno se quiera ir. Aparentemente, debido a la naturaleza pantanosa del suelo, los cuerpos son enterrados en criptas por encima de la tierra. Algunos de estos cementerios parecen ciudadelas de los muertos. También se sabe que los cuerpos enterrados han salido a la superficie de la ciudad durante las lluvias intensas. Siempre que excavan, encuentran cuerpos bajo las casas de Nueva Orleans. ¡Repugnante! Con razón este lugar me estaba aterrorizando.

A medida que nos alejamos de la ciudad, me empecé a relajar y empecé a sentirme un poco como yo otra vez. Era incapaz de explicarle a Kevin lo que me había sucedido en la ciudad; todo lo que pude decir fue: "Simplemente no me sentía bien."

Fue hasta años después que pude acordarme de esa noche y recordar claramente lo que había sucedido. No he sido capaz de volver a Luisiana otra vez, pero me pregunto cómo afectó el Huracán Katrina la actividad paranormal en Nueva Orleans. Apostaría a que esa fuerza de la naturaleza limpió a la mayoría, si no es que a todos esos espíritus atorados.

El poder de la naturaleza puede ser a veces aterrador y tener un alto impacto, aunque no tanto como la consciencia creada por la gente. La naturaleza siempre nos equilibrará, nos guste o no.

Convirtiéndome en mí misma

Conforme pasaba el tiempo, empecé a tener mayor y mayor facilidad para comunicarme abiertamente con los espíritus. Empecé a aceptar cabalmente que simplemente no lo estaba inventando. También comencé a ver el valor de ello. El hecho de que es una contribución valiosa se volvió cada vez más real para mí, en vez de estar terriblemente avergonzada por ello. Empecé a superar la idea de que era una friki y empecé a aceptar mi habilidad.

La gente empezó a aparecer en mi vida pidiéndome lecturas y ofreciéndome pagar por ello.

La primera mujer que apareció se llamaba Lorain, una pequeña rubia despampanante de Tennessee, quien simplemente sabía que yo podía darle lo que estaba buscando. Fue muy insistente, así que decidí ayudarla, aunque todavía me sentía muy nerviosa.

Esta fue mi primera lectura pagada, lo cual significó mayor presión para mí.

Nos sentamos y ella estaba ansiosa por comenzar, con un bloc de notas y una grabadora. Me senté tratando de convencerme de que no era una niña estúpida que lo inventaba todo. Me obligué a ver en el espacio de Lorain para ver qué podía hallar, ¿y qué creen?

Estaba ahí su padre y el resto de su familia. Pensé: "Jesús, ¿por dónde empiezo?"

Le empecé a describir a su padre para asegurarme de que era realmente él y ella recibió la información, asintiendo con la cabeza, diciendo: "Sí, sí, así es exactamente como era."

Pensé: "Esta mujer está loca, pero si ella está loca, yo lo estoy más."

Quería saber sobre el testamento de su padre y dónde había dejado todo su supuesto dinero, porque nadie en la familia parecía saber dónde estaba, y yo pensé: "Mierda... quiere información factual. ¿Qué tal si me equivoco?" ¿Cómo sabría si lo estaba inventando o no? Y si no acertaba, ello significaría que todo esto era un fraude.

De alguna manera, seguí a pesar de mi duda y escepticismo. Me forcé a ir a lugares a los que no había ido antes en el mundo de los espíritus. Me forcé a traducir lo que percibía en vez de rechazarlo.

Empecé a comunicarme abiertamente con su padre. Le tuve que preguntar por toda la información que Lorain quería, y era como arrancar un diente. Él se mostraba reacio a darme la información porque yo no era parte de la familia. Le dije: "Mira, hombre, sólo estoy tratando de darle a tu hija una buena sesión, ¿me puedes ayudar, por favor?"

Él me respondió: "Sí, te lo puedo contar, pero tienes que decirle a Lorain que no se lo cuente a su madre."

Me sorprendió que me pusiera condiciones; era interesante. Esta era la primera vez que advertí que los espíritus tenían una opinión en lo que sucedía. Si un espíritu no quería dar una información, no lo haría, tal como una persona. Si alguien venía a mí y quería que contactara a algún difunto y ese difunto no quisiera ser contactado, yo no podría hacer nada al respecto. Si llamas a alguien y no quiere hablar contigo, no va a contestar el teléfono. A menos de que los engañes, ¡pero eso es una historia para otro momento!

Le dije a Lorain que su padre tenía ciertas condiciones al respecto de darle o no la información que deseaba. Lo único que hizo fue reír y decir: "Por supuesto que las tiene," así que continuamos.

Él me mostró la imagen de un largo campo con unos cuantos árboles altos y una casa grande en el fondo. La imagen del campo vino como un destello, tan rápidamente que casi la pierdo, pero yo ya había empezado a confiar en las imágenes sutiles y veloces que recibía. Le mencioné el campo a Lorain y ella dijo que sonaba al jardín de su padre en el estado de Washington. Confirmé: "Sí, eso parece correcto."

Entonces ella preguntó: "¿Qué tiene que ver el jardín con esto?" Yo respondí: "Creo que está diciendo que el dinero está ahí."

Se quedó boquiabierta: "¡No puede ser!"

"Pues, aparentemente sí. Está al lado de un abeto."

"Siempre lo sospeché, pero no puedo creerlo. Mi papá creció durante la Gran Depresión y nunca confió en los bancos," dijo.

Pensé que esto era una de las cosas más curiosas que jamás había escuchado, alguien enterrando oro en su jardín. Esto sí que era no confiar en los bancos.

Lorain me contó que ella y su hermano habían tratado de persuadir a su madre de que su padre debía haber hecho algo así, pero su madre se mostraba reacia a la idea. Su madre decía: "¿Cómo habría podido hacer algo así en mis narices, sin que yo lo notara?" Por orgullo, les prohibió a sus hijos que excavaran en el jardín.

Creo que la reacción de la madre se debía a que el padre de Lorain ponía pensamientos en su mente desde ultratumba. No quería que ella descubriera el tesoro. El padre de Lorain parecía tener mucho rencor hacia su esposa, y trataba de manipularla desde el más allá para que no encontrara lo que él no deseaba que ella hallara. No era mi trabajo especular sobre las dimensiones psicológicas de la relación de los padres de Lorain, sólo estaba tratando de responder a sus preguntas claramente y transmitir lo que creía que eran los puntos más relevantes. Así que dejé aparte lo concerniente al odio del padre de Lorain hacia su madre.

Lorain se puso muy contenta con la información de confirmación que le proporcioné. Me dijo que estaba ansiosa por llamar a su hermano y hacer que fuera a la vieja casa de la familia para comenzar a excavar. Hice mi mejor esfuerzo para describir dónde creía que estaba en el jardín. Ella se puso de pie de inmediato para usar el teléfono.

Yo pensé: "Mierda, espero estar en lo cierto; pero si no lo estaba, entonces sería un alivio, puesto que podría renunciar a todas estas tonterías y volver a intentar ser normal."

No tuve tal suerte. Unos días más tarde, Lorain me llamó a casa para informarme que habían descubierto oro. Su hermano se había ido directo a la casa y había empezado a escarbar donde yo había instruido, y ahí estaba. Más de un millón de dólares en moneras de oro y billetes. Yo pensé: "Diablos, voy a llorar. ¿Hice yo eso? ¡No puede ser!"

Estaba en shock total y un poco de incredulidad.

No es necesario decir que Lorain estaba eufórica con su nuevo hallazgo y yo sumamente complacida conmigo misma también, una vez que pasó el shock.

Lo curioso de todo esto es que sucedía frente a mis ojos, y seguía aún sin poder creerlo. Qué bueno que soy linda, porque a veces no soy muy inteligente.

Robin

Robin era uno de los clientes de mi padrastro, y mi padrastro me la refirió para que le diera una sesión. Encontramos el momento para tener una sesión por teléfono porque ella estaba en Texas y yo en California.

Robin comenzó contándome que su madre estaba muy enferma en su lecho de muerte.

Añadió que su madre había consentido en hacer ciertos cambios a su testamento y que Robin le había llevado el testamento a firmar una vez que los cambios fueron redactados.

Tras hablar con su madre esa mañana, Robin llegó a la propiedad en la tarde.

Horas de largas discusiones y persuasión terminaron en la partida de Robin, perpleja y sin el testamento firmado. Ella habló con su madre al otro día y su madre le preguntó por qué no había venido como había quedado.

Robin se quedó completamente estupefacta. Según lo que Robin sabía, el síndrome de Alzheimer no figuraba entre las condiciones que estaban mermando a su madre, y nunca había experimentado a su madre de tal forma. Robin le explicó a su madre que había ido y que habían hablado, pero su madre se empezó a agitar con esa conversación. Honestamente no tenía ninguna memoria de la visita de Robin la tarde previa. Le pidió a Robin que volviera y que firmaría el testamento.

Así que, al día siguiente, Robin fue a la casa de su madre y una vez más hubo una larga discusión sobre la firma del testamento, en vano.

Robin comenzó a preocuparse seriamente por la salud mental de su madre y llamó a su médico esa tarde. El doctor dijo que no había detectado ese comportamiento, pero que seguiría observando durante su siguiente visita.

Robin empezaba ya a creer que su madre estaba básicamente perdiendo la cordura, pero esa noche tuvo un sueño.

Soñó que estaba sentada en la sala de estar de la casa de su madre con ella, pero había tres seres que eran su madre. No todos se veían como su madre, pero ella sabía que todos eran su madre. Y principalmente, se acordaba de una de sus tres mamás que repetía una y otra vez: "Yo soy tu madre, no ellas."

A la mañana siguiente, cuando se despertó, ella llamó de inmediato a mi padrastro, porque sabía que su madre tenía más de una entidad a cargo, por así decirlo.

Mi padrastro lo confirmó y le recomendó a Robin que agendara una sesión conmigo.

Tan pronto como Robin comenzó a hablar de todo este tema, fui inmediatamente consciente de los seres diferentes en torno a su madre.

Le expliqué a Robin que su madre no estaba perdiendo la razón. Su madre tenía lo que mi padrastro y yo llamamos ocupación múltiple, lo cual significa que hay más de un ser ahí con ella.

Esto más común de lo que se cree. Cuando para alguien es difícil tomar decisiones y siempre tiene que consultar con el comité en su cabeza, es porque tiene múltiples entidades ahí con las que toma decisiones con respecto de las cosas. Esto también contribuye a que algunas personas se comporten de una manera y de otra completamente diferente en otras ocasiones. Esto también sucede porque no es el mismo ser todo el tiempo, hay diferentes seres. La esquizofrenia y el trastorno de personalidad múltiple son casos extremos de este tipo.

Le pregunté a Robin si su mamá había mostrado formas más sutiles de este tipo de comportamiento en el pasado; por ejemplo, ¿parecía su madre diferentes personas en diferentes ocasiones u olvidaba cosas que se supone tenía que saber?

Robin respondió con reticencia: "Bueno, de hecho, sí."

"De hecho, mis hermanos y yo solíamos bromear acerca de la otra personalidad de mamá. Algunas veces era la persona más considerada que pudieras imaginar, y en otras ocasiones, era una persona totalmente diferente. Oh, Dios mío, creí que sólo lo decíamos. ¡Oh, esto es demasiado extraño!"

Me reí y Robin se quedó del otro lado de la línea un poco anonadada.

Entonces, preguntó: "¿Cómo sucede esto?"

Le respondí que de hecho no era tan inusual y que puede ocurrir cuando alguien decide en algún momento que ya no quiere vivir, por ejemplo. Esencialmente, ponen un anuncio de "Se renta" en el cuerpo y otro ser puede venir a bordo. Y si el ocupante original realmente no advierte lo que ha sucedido, puede quedarse ahí como si nada hubiera cambiado. Pero, en realidad, hay otro ser participando en su vida ahora, tomando decisiones y tratando con la gente.

También puede suceder cuando alguien tiene un gran accidente o una cirugía o cualquier otro tipo de trauma en el cuerpo. Esto puede permitir que otro ser venga. Generalmente ocurre cuando alguien ha decidido que necesita ayuda con su vida o que no puede hacer algo por cuenta propia. Traerá a otro ser, consciente o inconscientemente, para que ayude. Pero, si alguien es inconsciente de ello, puede terminar permitiendo al otro ser o seres estar a cargo y todo puede volverse un desorden.

Luego le expliqué que la confusión con el testamento era en realidad algo honesto. Su mamá realmente no tenía ningún recuerdo de haber tenido la conversación con Robin sobre el testamento, porque había otra entidad dirigiendo esa parte de su consciencia o vida. En la siguiente ocasión que fuera a la casa de su madre para que firmara el testamento, tenía que pedir que la entidad que de hecho iba a firmar estuviera presente. Todo lo que tenía que hacer es pedirlo en su mente, no en voz alta. Nada sofisticado, una simple petición. De esa forma, sería capaz de obtener lo que buscaba.

Robin preguntó si había alguna manera de limpiar la entidad de su madre.

Le dije que sí; puedes liberar las entidades, pero si la persona tiene alguna suerte de compromiso con la entidad, tenderán a no dejarla ir, especialmente si sienten que la entidad les está prestando un servicio o acompañándolas de alguna forma. Y éste era el caso de su madre y la entidad. Aparentemente, la madre de Robin tenía una entidad que se ocupaba de sus finanzas. Sé que esto suena un poco extraño, pero eso era lo que estaba pasando. Todo lo que su madre tuvo que hacer fue decidir en algún momento, por cualquier razón, que no le gustaba manejar dinero o que era incapaz de hacerlo o algo similar y ¡voilà! Otro ser podía hacerlo.

Terminamos la sesión y Robin estaba un poco impactada, pero lista para probar la información nueva.

Me reportó unos días después que, efectivamente, había vuelto a casa de su madre y llamó a las entidades que habían acordado firmar el testamento y, para su sorpresa, su madre lo firmó.

Así que, aquí hay un pequeño consejo para ustedes. Cuando estés tratando con alguien que es muy difícil, pide al ser que te dará lo que deseas que esté más presente. Extraño pero cierto.

En el Club campestre

La Costa del Sol de Australia del este es una región maravillosa del mundo con playas doradas que se extienden en millas, y un interior limpio y en su mayoría virgen. He pasado bastante tiempo ahí a través de los años, y una noche en particular, fui con algunos amigos a una fiesta a un club campestre y a un campo de golf cerca de una calle llamada Calle de la Cala de Asesinato. No estoy bromeando, así se llama. Pueden imaginar cómo obtuvo este nombre con todos los aborígenes y los buenazos británicos. (Sin ofender, Inglaterra, pero saben lo que hicieron.)

Cuando llegamos a la fiesta, el sol se estaba poniendo y soplaba una suave brisa cálida. Todo mundo estaba feliz de verse y la celebración seguía su curso.

Empecé a divertirme como el resto, pero al caer la noche, gradualmente me fui sintiendo más molesta y casi paranoica. No podía entender lo que realmente me molestaba. Empecé a sentir como si todos estuvieran en contra mía y tan sólo tenía que irme de ahí. Empecé a sentir como si fuera a romper en llanto si alguien me hablaba, y sin hallar una solución a mi estado de ánimo, decidí irme.

En mi camino a la puerta, dos chicas conocidas pasaron junto a mí, y con su jovial acento autóctono fingido, me preguntaron si quería salir con ellas a fumar un cigarro.

Yo no quería fumar, pero me sentí empujada a ir con ellas. Así que fuimos al extremo de la zona de estacionamiento y nos sentamos bajo la sombra nocturna de un alto árbol de eucalipto. Las chicas continuaron bromeando entre sí con fuerte acento autóctono, y empezaron a notar que yo las veía atónita. Ellas creyeron que yo me había ofendido por su juego, pero para nada era eso. Mientras ellas bromeaban, finalmente me di cuenta de lo que sucedía con mi estado de ánimo. Había literalmente millares de espíritus aborígenes alrededor de ese club campestre. No estoy segura de por qué me tomó tanto tiempo reconocerlo cognitivamente. Tan pronto como advertí que había tantos espíritus frente a mí, apenas podía notar donde terminaban.

No es necesario mencionar que ninguno estaba demasiado feliz, lo cual explicaba en gran parte mi mal humor. A partir de esa noche, pude identificar cuando estaba lidiando con grandes grupos de seres desencarnados, debido a ese estado de ánimo. Ese estado de ánimo paranoico, malhumorado, en específico, era mi señal de alerta, por decirlo de algún modo. Siempre me indicaba que había algo de lo cual tenía que estar más consciente. Si me sentía de esa forma en particular, sabía que estaba lidiando con un grupo grande de entidades. No estoy segura de por qué ese estado de ánimo en específico era y es el indicativo de que estoy frente a un número enorme de fantasmas, pero lo es. Sólo aprendo a reconocer las señales, para ver mejor a dónde me dirijo.

En cuanto reconocí a los seres que estaban a mi alrededor, que trataban de que los notara de todas las formas posibles, sencillamente les dije que se podían ir. E instantáneamente, mi humor cambió. Me sentí limpia y feliz, como si me hubieran retirado una densa nube.

En cuanto reconocí aquello con lo que lidiaba y fui capaz de darle una simple limpieza, la energía se transformó completamente. Me encanta cuando puedo dar en el clavo así. Y es impresionante cuán casi imposiblemente fácil puede ser abordar este tipo de asuntos. Todo lo que necesitamos es consciencia y las herramientas para cambiar lo que es.

La visita de una vieja amiga de la familia

Mary Wernicke, una vieja amiga de la familia, fue una presencia importante en mi vida desde que yo era muy pequeña. Era como una abuela para mí. Murió de edad avanzada después de pasar los últimos años de su vida en la casa de Gary. Ayudé a cuidarla hasta casi al final de sus días. Debido a que estuvo con mucho dolor durante largo tiempo, fue un alivio para ella y toda nuestra familia cuando falleció.

Una mañana, al poco tiempo de su muerte, estaba en cama, sola en casa. La casa tenía pisos de madera vieja que crujían frecuentemente. Me familiaricé con el sonido particular que hacía cuando una entidad estaba en casa. Oía a alguien moverse en la sala de estar y entraba en un ligero shock. Para aquel momento, ya me sentía en la mayoría de los casos cómoda con las entidades en mi vida; pero de vez en cuando, un espíritu podía enviar una descarga de pavor a través de mí. Tenía que ser un espíritu poderoso que demandaba nada menos que mi entera atención.

Siguiendo el consejo que le había a dado a innumerables personas, me forcé a bajar mis barreras a la entidad. Y quién lo iba a decir, el espíritu de Mary mostró su cabeza en la puerta de mi habitación. Un momento después, estaba sentada en la cama y poniendo su mano sobre la mía. Me preguntó cómo estaba e hizo fluir hacia mí la energía más cariñosa. Me dio la sensación de que era totalmente protegida y cuidada. Ella había atravesado un proceso de muerte muy prolongado, ¡y había venido a verme y a preguntarme cómo estaba! Ése era el tipo de persona que Mary era en vida, y en la vida después de la muerte. Me agradeció por haberla cuidado antes de su muerte. Dijo que iba a abandonar este plano ahora, queriendo decir que iba a dejar esta realidad o el mundo como lo conocemos. Sólo quería decir adiós una última vez.

Fue el más dulce intercambio de energía, lleno de gratitud, cariño y expansión, y luego se fue tan velozmente como había venido. La visita duró en su totalidad cerca de dos minutos. Sé ahora que, si la hubiera resistido, basada en el miedo, habría sido injusto para ella y habría hecho su proceso de partida más difícil. Habría tenido que esforzarse mucho más tan sólo para comunicarse conmigo, agradecerme y decir adiós.

El otro lado de la resistencia es retener cerca a alguien que está yéndose. Si nos aferramos a una persona y no queremos que parta, dificultará que la persona que hace la transición encuentre su camino claramente hacia el otro lado, debido a la interferencia de todos nuestros pensamientos, emociones y sentimientos.

Cómo pueden ayudarnos las entidades

Durante la Gran Depresión, cuando mucha gente vivía en pobreza extrema, hubo unos cuantos que utilizaron la situación económica en beneficio propio y, por lo tanto, hicieron dinero. En un panorama en el que todos veían devastación económica, la gente que estaba dispuesta a adoptar un punto de vista distinto vio las posibilidades.

De manera similar, la gente que está dispuesta a adoptar un punto de vista diferente con respecto a la muerte se abre a la información disponible, más allá de lo que actualmente creemos que es real y correcto en esta realidad. Pueden usar la información que las entidades les dan para crear algo más grandioso que la gente que no está dispuesta a percibir estas realidades.

Una vez viví en un apartamento con unos vecinos que vivían arriba, que eran realmente ruidosos. Ponían música a gran volumen hasta altas horas de la noche. Ya había hecho lo acostumbrado: pedirles repetidas veces que bajaran el volumen; pero no lo hacían y realmente no querían hacerlo. Una noche, estaba acostada en la cama y pensé que intentaría algo con las entidades. Les pedí a todas las entidades del piso de arriba que por favor apagaran la música. Justo en ese momento: ¡boom! La música se apagó y no volvió por el resto de la noche.

Desde luego, al principio pensé que esto era "sólo una coincidencia." Al día siguiente, la música estaba a todo volumen otra vez, así que le pedí ayuda a mis amigas las entidades. Tal como la noche anterior, ¡la música se apagó inmediatamente! Esto continuó por semanas, hasta que el sistema eléctrico del apartamento de mi vecino tuvo que ser reparado. Esta comprensión fundió mi cerebro (y no estoy segura de qué es lo que haya fundido el sistema eléctrico) y reforzó mi consciencia de que estos fantasmas son todo menos un sueño; y que, de hecho, son una realidad que existe en este mundo que compartimos.

Desde entonces, he tratado de logar esta clase de resultado espectacular pidiendo ayuda a las entidades para muchas otras cosas; a veces funciona y a veces no. Lo que quiero es mi asunto, pero mi solicitud no es siempre honrada o respondida inmediatamente. A veces hay otras fuerzas trabajando que requieren algo distinto a lo que yo "quiero". Cuando más me involucro con algo, es menos probable que funcione de la forma en que yo lo quiero. La magia más grandiosa usualmente ocurre cuando no obstaculizo mi propio camino. Cuando estamos dispuestos a pedir ayuda y a hacerlo sin involucrarnos emocional/energéticamente con el resultado, ahí es generalmente cuando recibimos más.

Otro ejemplo genial de cómo pueden ayudarnos las entidades se muestra en la película "El sexto sentido" con Bruce Willis. En el filme, un joven chico tiene la habilidad de ver los fantasmas de las personas que tuvieron, en la mayoría de casos, muertes espantosas. Por supuesto que, en una dramatización hollywoodense, son presentadas con muchísima música aterradora.

Al principio de la cinta, conocemos a un joven chico y al personaje de Bruce Willis, quien es un psicólogo infantil. Pronto nos enteramos de que este chico tiene una sorprendente habilidad para ver a la "gente muerta" y que, en gran parte, está traumatizado por ello. Así que el buenísimo Bruce comienza a trabajar para descubrir cómo ayudar al niño. Claro que, al principio, no cree que el niño esté viendo "gente muerta," pero, poco a poco, empieza a darse cuenta de que el niño en verdad los está viendo. Bruce, en su infinita sabiduría, empieza a animar al niño a hablar con los espíritus para descubrir qué es lo que quieren. En cuanto el niño empieza a asistirlos conscientemente, la vida del chico cambia para bien. Esto le permite hallar algo de paz y ayudar a las entidades. Al final, descubrimos que el personaje representado por Bruce Willis es, de hecho, una entidad. Si el chico no hubiera estado dispuesto a escuchar a las entidades, se habría perdido de la ayuda que ésta podía darle.

Ojalá que, en este punto, ya estés reconociendo el patrón de lo que estoy enfatizando. Estos fantasmas no son nada que temer. Tu consciencia de estas entidades es una fuente a partir de la cual puedes enriquecer tu vida y la vida de la gente a tu alrededor.

¿Cómo sería asumir la potencia de percibir más allá de nuestros cinco sentidos y acceder a un campo de infinita energía potencial?

La mayor parte de la gente que me consulta para una sesión tiene dos preguntas: "¿Tengo entidades?" y "¿Qué dicen?"

Descubrir si tienes o no entidades y lo que tienen que decir puede ser muy importante, aunque también es una rebanada muy delgada de un enorme pastel.

Comunicarse con las entidades y oír lo que tienen que decir —captar mensajes específicos, por ejemplo— puede ser muy importante y reconfortante, pero, en mi opinión, es también una pequeña parte de lo que es posible. La gente tiende a negar completamente toda la demás energía que proviene de las entidades, porque no encaja con cómo han decidido que el mundo tiene que verse. La gente se puede perder de mucho, si espera que su comunicación con las entidades sea como las conversaciones con la gente encarnada. Comunicarse con entidades requiere un músculo completamente diferente al que usas cuando hablas y te relacionas con la gente. No puedes inclinarte hacia adelante con los músculos que tu cuerpo usa para inclinarte hacia atrás. No puedes comunicarte con las entidades usando los mismos músculos que utilizas cuando hablas con otras personas.

Esta es una gran razón por la que la gente se frustra cuando está "tratando" de hablar con las entidades. Creen que no son capaces de hacerlo, pero la realidad es que simplemente está tratando de levantar una pesa con el lóbulo de la oreja. Funcionaría mejor si usaran las manos.

Comunicarse e interactuar con las entidades es algo mucho más espacioso y energético que comunicarse con la gente. Es por ello que comunicarse con las entidades puede darte acceso a muchísimo espacio y libertad. Abrir el espacio puede ser muy terapéutico y sanador. Puede serlo tanto para los que estamos de este lado como para aquellos del otro lado. En algunas ocasiones, no se trata del mensaje especifico que una entidad trae, sino de la energía que tiene para dar.

Es más como recibir el viento que sopla a tu alrededor, que tratar de entender qué quería decir el viento al soplarte.

El pedazo grande del pastel es la disposición a recibir todo lo que las entidades tienen que ofrecer. Es como recibir lo que la naturaleza o el viento tiene que ofrecer. La naturaleza no tiene pensamientos cognitivos o ideas racionales que ofrecernos. La naturaleza nos da un sentido de paz y espacio, un sentido de sanación y libertad. Muchas entidades también podrían ser esto para nosotros, si estuviésemos abiertos a recibirlo. Las entidades nos ofrecen la oportunidad de ver más allá de lo que pensamos que es real. Nos ayudan a desarrollar nuestros músculos psíquicos. Nos hacen cuestionar nuestras realidades y percibir de maneras a las que no estamos acostumbrados.

Uno de los grandes bloqueos en torno a recibir de las entidades es el miedo al respecto, tan ampliamente compartido. Mi opinión es que el temor generalizado a las entidades es básicamente un lavado de cerebro. Sé que el término "lavado de cerebro" puede sonar muy extremo y desagradable, pero es básicamente de lo que se trata. La gente ni siquiera está segura de por qué teme a las entidades; sólo sabe que tiene miedo.

El lavado de cerebro viene de las películas, la televisión, otros medios, familiares, amigos y la religión. Si crees en lo que ves en las películas de terror sobre las entidades, ¿también crees en Santa Claus y el Conejito de Pascua? ¿Entienden mi punto?

El único problema con las entidades se debe a la inconsciencia que la gente proyecta en toda esta situación. Vuélvete más consciente y las entidades lo harán también.

Si realmente deseas ser más consciente, comunicarte con las entidades es una manera excelente de lograrlo. Comunicarse con las entidades es como cualquier otro ejercicio. Si estás fuera de forma, puede ser incómodo y difícil al principio, pero cuanto más lo hagas, se volverá más fácil. Será una contribución cada vez mayor a tu vida, como cualquier otro ejercicio que mejora la salud.

Si alguien en tu vida muere y siente que no resolvió algo contigo, es posible que regrese a ti para intentar resolver la situación. Si lo ignoras o te rehúsas a percibirlo, esto no hará que se vaya. Sólo hará que se esfuerce más para comunicarse contigo, sin importar cuántas vidas tome.

Percibir, recibir, comunicarse y estar con las entidades puede ser tan fácil como el viento soplando en tu cabello o zambullirse en el agua. No requiere esfuerzo. Bueno, tal vez zambullirse en el agua requiera algún esfuerzo, pero una vez que aprendes a nadar, no es algo en lo que estés pensando; sólo lo haces. ¿Qué tal si tener al mundo de los espíritus como parte de tu realidad y tu vida fuera tan fácil como dar una brazada de pecho? ¿Y qué podría añadir a tu vida que nunca has siquiera reconocido?

La entidad que causaba cáncer

Christine, una mujer encantadora y ligeramente regordeta de 42 años, vino a consultarme sobre su madre. Dijo que había oído sobre mí y tenía curiosidad. No parecía nerviosa ni alterada, a pesar de haber sido recientemente diagnosticada con cáncer de mama, la misma enfermedad que había matado a su madre tan sólo un año antes.

Desde el momento en que Christine se sentó en el sofá, percibí muy claramente a su madre alrededor de ella. Christine se parecía mucho a su madre, aunque más joven y más feliz.

Ella pensaba que su madre estaba ahí con ella, pero quería validación, y yo confirmé que ella estaba ahí. Su madre no sólo estaba ahí, sino que estaba intentado desesperadamente comunicarse con su hija.

Cuando una entidad quiere hablar contigo y no la escuchas, o no la puedes escuchar, o no sabes que la estás escuchado, la entidad puede ser cada vez más invasiva para tratar de captar tu atención.

La invasión de las entidades puede mostrarse de diversas maneras. Pueden hacer que tengas dolores de cabeza, dolores de espalda, tos, comezón, escalofríos, estrés, emociones y enfermedades repentinas. En realidad, puede aparecer de cualquier forma.

Para Christine, estaba mostrándose como el cáncer de mama del cual había muerto su madre. La madre de Christine estaba tratando de comunicarse con ella tan desesperadamente, que, su sola proximidad, estaba causando que su hija duplicara su vibración, de la forma en que presionar un diapasón crea una vibración que causa que otro cerca vibre al mismo ritmo. En la unicidad, percibimos, sabemos, somos y recibimos todo, desde los pensamientos y sentimientos de las personas hasta los pensamientos y sentimientos de las entidades, seamos o no conscientes de ello. Si estás junto a alguien en la fila del supermercado, que está enojado o triste, puedes sentirte de repente enojado o triste y asumir que esos son tus sentimientos. En vez de preguntar a quién le pertenecen esos sentimientos, asumes que son tuyos. Nos afecta y afectamos todo y a todos con nuestra energía.

Estoy contando esta historia para que puedas empezar a ver el impacto tan dinámico que las entidades tienen, aun cuando no tengan cuerpo. Esto está incluso probado científicamente, si esto significa una diferencia para ti. Incluso mientras lees estas líneas, tu cuerpo está reaccionando a lo que estás leyendo en la forma de frecuencias energéticas y producción química. Con tus pensamientos y sentimientos, tú (el "tú" que seas) afectas a tu cuerpo, los cuerpos de los demás, el sofá sobre el cual estás sentado, el árbol que miras, la Tierra, el universo entero. Esto quizá es algo nuevo para ti, si has vivido tu vida entera pensando que sólo eres un pequeño humano sin poder ni talento.

Si todo mundo se volviera consciente sobre la forma en que crean y afectan las cosas, ¿cómo sería el mundo?

Cuando estás alterado, no sólo destruyes tu cuerpo, sino también a la Tierra. Ojalá que esto te haga pensar dos veces acerca de ser infeliz o estar enojado. Sé que hay muchas razones y justificaciones para estos sentimientos, pero ¿realmente valen la pena como para destruir el planeta?

Por otra parte, si admiras y sientes gratitud por alguien o algo, esto crecerá y se sentirá mejor.

El poder es tuyo. Si no estás bien, mira los pensamientos que estás teniendo y las elecciones que estás tomando —o las elecciones que otros a tu alrededor estén quizá tomando que estás tal vez captando y cristalizando en tu cuerpo.

Christine estaba haciendo justo eso. Estaba duplicando las energías que su madre había usado para generar cáncer en su propio cuerpo.

Le señalé esto a Christine, quien se quedó anonadada, a medida que esta nueva realidad desenmarañaba su visión del mundo.

Procedí entonces a explicarle cómo podía deshacer todo ello, si lo elegía.

Empecé por decirle que le pidiera a su madre que se alejara un poco de su cuerpo. Cuando no escuchamos a los espíritus, tienden a acercarse más, como si eso ayudara a que los oigamos. Es como gritarle a un sordo; no importa cuánto ruido hagas, no va a escucharte. Así que tienes que hallar una forma diferente de comunicarte, con lenguaje de señas o por escrito. Si te está costando trabajo comunicarte con las entidades que sabes que están tratando de comunicarse contigo, encuentra una mejor manera de escuchar. Intenta escuchar, no con tus oídos, sino con tu consciencia.

Tan pronto como el espíritu de su madre se alejó del cuerpo de Christine, ella se sintió mejor instantáneamente, como podrán imaginar. También le dio a Christine elección en el asunto, lo cual le dio un mayor sentido de poder.

Con el espació que creó, Christine pudo percibir más claramente a su madre. Empezó a darse permiso de tener una realidad en la que su madre estaba presente con ella. La alenté a tener su propia comunicación con su madre, en vez de depender de mí para todas las respuestas. Que me usen como tabla de Ouija o vidente siempre fue desagradable para mí. Siempre trato de guiar y enseñarle a la gente a comunicarse por sí mismos con los muertos, de modo que se vayan con sus propias herramientas y no sólo con una experiencia. Christine era muy hábil en esto; era capaz de oír y percibir a su madre mejor de lo que jamás hubiera imaginado.

Le pregunté a Christine si era real para ella que el cáncer de mama en su cuerpo podría, de hecho, pertenecer a su madre. Aunque éste era un gran salto para ella, vio que sí, que esto podía ser verdad.

Gracias a mi motivación, Christine empezó a darse cuenta verdaderamente de cuán necesitada estaba su madre y de cuánto estaba poniendo en ella. Esto fue una epifanía para ella, porque se había estado sintiendo exhausta desde la muerte de su madre. Esta nueva comprensión se sintió como un enorme aligeramiento.

Desde su nueva consciencia, pudo simplemente pedirle a su madre que por favor parara. Así, su madre se dio cuenta de lo que estaba haciendo. Créanlo o no, su madre no tenía consciencia del impacto que estaba teniendo en su hija. Sólo porque era un fantasma no significa que era más inteligente o más consciente que nosotros. Tanto Christine como su madre estaban obteniendo frutos de esta sesión.

Le pregunté a Christine si deseaba que su madre se quedara o se fuera. Independientemente de la consciencia de Christine, su deseo por la presencia de su madre podía estar dominando a su madre. Christine se dio cuenta de que había estado esperando inconscientemente que su madre no la abandonara. Le pregunté a su madre si quería pasar a otra cosa, y no parecía saber que podía hacerlo o a dónde ir. Les informé a ambas que no necesariamente necesitaba irse, pero que era una elección que tal vez cambiaría muchas cosas para ambas, y que, cuando estuvieran listas, podrían tomar esa elección.

Le mostré a la madre de Christine el espacio al que he visto que otras entidades van. Hacia la luz, por decirlo de alguna forma. En cierto modo, se había perdido de todo ello.

En vez de que la sesión creara conclusión, terminó abriendo nuevas posibilidades. Christine y el espíritu de su madre se fueron un poco atónitas y conmovidas.

Christine me llamó unos días después y me informó que ella y su madre habían llegado a estar en paz y que su madre se había ido. Sabía que era difícil para Christine pensar en que su madre ya no estuviera, pero estaba tan increíblemente aliviada de tener su espacio y su cuerpo para ella misma.

Le pedí que por favor tuviera otra revisión con el médico antes de empezar el tratamiento de quimioterapia para "su" cáncer de mama. Asintió, pero todavía se rio ante la posibilidad de que el cáncer hubiera desaparecido.

Y, oh sorpresa, fue a su revisión y ¡voilà! El cáncer se había ido, no estoy bromeando.

La moraleja de esta historia: si tienes un problema, pregunta a quién le pertenece, porque tal vez ni siquiera sea tuyo.

Una casa embrujada en Suecia

En el 2005, estaba en Perth, Australia, dando un taller sobre consciencia y entidades.

Me encanta trabajar en Australia. Me parece que la gente ahí es muy abierta y es fácil presentarles el tema. Los australianos son bien conocidos por ser relajados y de espíritu libre. El lema nacional es "sin preocupaciones."

Un buen ejemplo de ello sucedió cuando volé por primera vez a Sídney. El avión dio con un "pozo de aire" y cayó veinte pies. Todos los estadounidenses gritaron de terror y todos los australianos exclamaron "¡WOOO-HOOO!" Pensé: "Wow, estoy en el país equivocado." Perth es un grandioso lugar apartado, la ciudad más aislada en el mundo. Todos los días parecen domingo.

Tenía a muchos australianos en esta clase, así como una adorable pareja sueca, Birgitta y Peter.

Birgitta alzó la mano y me preguntó sobre la casa de su familia en el sur de Suecia, que aún era propiedad de su madre y estaba tratando de vender. Por alguna razón que no podía entender, nadie se interesaba en comprarla, aunque era una propiedad muy deseable.

En el momento en que me sintonicé a la casa, supe que estaba embrujada. Algunas veces, la razón por la que ciertas casas o propiedades no se venden, aun cuando tienen un precio por debajo del valor del mercado y son una gran compra, se debe a que están embrujadas.

¿Alguna vez han visto la fachada de una tienda que cambia continuamente de inquilinos? No importa qué inquilino llegue, quiebran. Esto se debe con frecuencia a que el lugar está embrujado y la entidad que ocupa el lugar está corriendo a los inquilinos.

La casa de Birgitta había pertenecido a la familia desde principios de siglo y nadie había vivido en ella por un buen tiempo. Le pregunté a la clase si deseaban aprender cómo limpiar una casa remotamente y todo mundo estaba interesado. Empecé a mostrar cómo se hacía esto, pero, sorprendentemente, no iba a ninguna parte limpiando la casa. Usualmente tengo mucho éxito cuando limpio entidades a distancia, pero no con este lugar. No podía entender por qué. Bromeando, le dije a Birgitta que tendría que ir al lugar para ocuparme de esta casa.

Lo siguiente que sucede, dos semanas después, es que estoy descendiendo de un avión en Copenhague, Dinamarca, y caminando a través del lobby del aeropuerto, atravesando una llamativa exhibición de la tienda libre de impuestos. Le di al oficial de migración mi pasaporte y le dije que iba a visitar a unos amigos. No le dije que algunos de estos amigos estaban muertos. Del aeropuerto, me subí a un tren que me llevó de Dinamarca a Suecia. Con los ojos brillantes, Birgitta me recogió en la primera parada. Nos dirigimos en auto a las afueras de Malmö, a través de campos abiertos bordeados de árboles apenas reverdeciendo por la primavera, al pequeño pueblo donde estaba ubicada la casa familiar.

Aunque teníamos la agenda de liberar las entidades de la casa, tenía que abordar esta tarea sin expectativa de cómo sería el resultado. ¿Estarían dispuestas todas las entidades de la casa a irse? ¿Se vendería la casa después de la limpieza? Y desde luego, ¿obtendría Birgitta lo que deseaba de nuestro tiempo juntas?

Aunque Birgitta deseaba limpiar completamente la casa de entidades, yo sabía que no había forma en que pudiera garantizar que ello sucedería.

Sólo porque deseábamos que las entidades se fueran de la casa no significa que eso era lo que ellas querían. Podíamos toparnos con una entidad, por ejemplo, con un compromiso de resguardar la casa al cual no estuviera dispuesta a renunciar. Algunas veces se puede persuadir a las entidades de que abandonen estos trabajos a los cuales se han comprometido, a veces no. Usualmente, con suficiente consciencia, algo puede resolverse.

La casa estaba en un pequeño camino, rodeado de otras casas. Como muchas casas viejas deshabitadas, se sentía triste, como si la casa en sí se sintiera sola. Además de la casa principal, había un granero de piedra con piso de concreto y tres habitaciones arriba. El granero, que había sido usado para procesar miel de las abejas de la abuela de Birgitta, fue lo primero que atrajo mi atención.

Supe instantáneamente que alguien había muerto en el granero. Aunque el espíritu de la persona que había muerto ahí ya no estaba en el granero, sabía que ahí había ocurrido una muerte. El granero recordaba el suceso y lo compartió conmigo como si estuviese enviado un telegrama a mi cabeza. Entonces pensé: "¿Está alguien enterrado bajo el granero también?"

Birgitta estaba renuente a contarme la historia del granero, porque tenía miedo de que me asustara. Le dije que no importaba si me la contaba o no, porque podía percibir todo el evento transcurriendo frente a mí. ¿Es una bendición o una maldición? No estoy segura.

Lo que yo percibía era sangre e ira. Estoy segura de que estaba bloqueando inconscientemente muchos otros detalles. Tengo una manera de dejar colarse sólo lo suficiente, de tal forma que pueda tener información, pero no tanta como para asustarme. Algunas veces ver las muertes de las personas y sentir sus sentimientos en el proceso es demasiada información.

Aparentemente, la madre de Birgitta y su tía habían estado en el negocio de la miel en aquella época y usaban el granero con fines de producción. Le habían pedido prestada un equipo grande a una mujer, una productora de miel del pueblo. Esta mujer se presentó en el establo un día demandando impacientemente que le devolvieran su equipo. El equipo era grande y pesado y estaba en el piso superior del granero. Ninguno de los hombres de la familia estaba en la casa a esa hora del día, y la madre de Birgitta intentó persuadir a la mujer de esperar a que alguien más fuerte llegara a casa que pudiera bajar el equipo por las empinadas escaleras. La mujer no estuvo de acuerdo e insistió en que las tres mujeres podían cargarlo hacia abajo. Mientras las tres mujeres intentaban mover el grande y pesado equipo solas, esta agresiva mujer se resbaló por las escaleras, abriéndose la cabeza en el piso de cemento y desangrándose hasta morir. Su espíritu ya se había ido hace mucho; era la consciencia del edificio la que me daba la información, no el espíritu de la mujer. Viendo que no había ninguna entidad que limpiar derivada de este evento, nos fuimos a la casa.

Empezamos en el vestíbulo, una pequeña habitación con un perchero para abrigos y una sala de estar a cada lado. Empecé a mostrarle a Birgitta cómo usar las herramientas para detectar dónde hay entidades, liberarlas y saber cuándo se van. Estaba entusiasmada ante la posibilidad de ver entidades y poder liberarlas. Le pedí que confiara en su primer instinto y de ahí partimos.

Apuntó al lado izquierdo de la sala y, de hecho, lo validé: había un ser ahí. Le indiqué que usara las preguntas simples de limpieza y ¡puf! El ser se fue. En este caso, no fue ni siquiera necesario hablar con la entidad ni hacer ninguna pregunta. En cuanto reconocimos su presencia y usamos algunas herramientas simples, se fue.

Con gran entusiasmo al respecto de poder percibir cuándo se iba el ser, Birgitta y yo seguimos con la siguiente entidad en el vestíbulo. Limpiamos varias entidades tan sólo en el vestíbulo, que era una habitación pequeña, y entonces nos movimos al resto de la casa.

Cuando llegamos a la primera sala de estar, reconocí a una entidad más fuerte que las que habíamos encontrado en el vestíbulo. Su presencia era más palpable. Sabía que nos iba a dar algo interesante con lo cual trabajar, pero dejé a Birgitta empezar su análisis de la sala antes de mencionar nada. Le pregunté a Birgitta en dónde quería comenzar y apuntó instantáneamente a la gran silla mullida donde estaba sentada la entidad. La entidad era una niña rubia y joven que parecía tener siete u ocho años. Vestía un vestido blanco corto que habría estado de moda en los años treinta. Se veía alegre y también expresaba una preocupación, pero no podía discernir cuál era.

Birgitta y yo empezamos por simplemente intentar limpiarla, sin éxito. Le pregunté al espíritu de la niña si deseaba irse de la casa, y me respondió que de hecho sí le gustaría irse, pero que no se le permitía. Le expliqué lo que estaba captando a Birgitta y ella respondió: "Es muy extraño." Me llevó a otra habitación en la que había una fotografía de esta niña en los treinta. Después, Birgitta hurgó en un cajón y encontró otra foto de la niña en un féretro en la sala de la casa. La niña era la pequeña prima de Birgitta. Había muerto joven de una fiebre y la habían velado en la casa. Esto explicaba por qué estaba aquí y no era libre de irse.

Como nada que hiciera liberaba a este ser, la dejamos como estaba y continuamos al comedor. Le pregunté a Birgitta dónde quería comenzar en esta habitación y señaló un gran gabinete de caoba para la loza que estaba en un rincón. Utilizamos las preguntas habituales para la liberación de entidades, pero la energía alrededor de este mueble no cambiaba ni se movía. Tuvimos que seguir investigando, y como sospechaba, era un portal. Lo discutí con Birgitta y juntas preguntamos: "¿es esto un portal?" Ambas recibimos un sí.

Nota al margen: Si hasta ahora no habían pensado que este libro era raro, está a punto de serlo.

Los portales son puertas de acceso o ventanas a través de las cuales las entidades entran o salen de esta realidad o dimensión. Si no creen en multidimensionalidades, éstas han sido probadas científicamente, así que créanlo. Una persona, lugar o cosa puede ser un portal, como el armario en "El león, la bruja y el armario" de Las Crónicas de Narnia.

Cerrar portales es generalmente muy fácil, y puede generar cambios considerables en las vidas y espacios vitales de las personas. Generalmente sólo pides al portal que se cierre y se cierra. Los portales pueden tener un ejecutor o una entidad gobernante que los mantiene abiertos. Sí, hay uno o más de estos ejecutores o entidades gobernantes manteniendo el portal abierto, no serás capaz de cerrarlo hasta que la entidad o entidades sean removidas.

En este caso, tratamos de cerrar el portal en el gabinete y no se cerraba. Me tomó sólo un momento conectar los puntos. El espíritu de la niña rubia en la otra sala era la entidad gobernante de este portal. Le pregunté a la niña si deseaba conservar ese trabajo y ella contestó: "No." Todo lo que tuve que hacer fue decirle que había hecho un buen trabajo y que era libre de irse ahora y ¡puf! Se fue y también el portal.

Es interesante cómo, si estás dispuesto a ver cosas que están "fuera de la caja," puedes crear muchísimo cambio con poco o sin esfuerzo.

Sólo observen cuánto esfuerzo puede poner la gente para cambiar ciertas áreas de su vida, como relaciones, cuerpo y situación financiera, cuando todo el tiempo podrían ser entidades quienes están causando el problema.

Del comedor fuimos a la cocina, donde la energía se disparaba en todas direcciones. Había una puerta hacia el jardín trasero, una puerta a la alacena, y dos puertas que conducían a otras dos habitaciones que eran usadas para ocasiones especiales y eventos sociales; la cocina era donde la familia había pasado la mayor parte de su tiempo. La energía de toda esa actividad familiar estaba aún en la cocina. Se sentía tan ajetreada como una estación de metro de la ciudad de Nueva York. Sentí la energía de una pequeña viejecita, pero no se lo mencioné a Birgitta. Estaba esperando a ver si ella la captaba por sí sola.

"¿Dónde quieres comenzar en esta habitación?", le pregunté.

Limpiamos unas cuantas energías, y entonces ella vio algo que cambiaría su vida para siempre. Hasta ese momento de su vida, Birgitta no había visto conscientemente una entidad. Esto es verdad para la mayoría de las personas, con excepción de los fenómenos que suceden una o dos veces en las que alguien tiene un destello de un ser querido fallecido o algo similar, antes de darle un portazo a la entidad, ya sea por miedo o incredulidad.

Birgitta se quedó parada, quieta como un árbol, boquiabierta y con los ojos desorbitados.

Me miró relajadamente y anunció que acababa de ver a su tía abuela.

"Ella se encargaba de cocinar para las ocasiones especiales de la familia. ¡Oh, tiene sentido! ¡Está caminando de la alacena al horno!"

Birgitta estaba un poco en shock y me miraba para validar que realmente había visto eso. Yo no podía hacer nada, excepto hacer tan razonable y poco extraño como fuera posible el hecho de que estaba viendo un fantasma con sus propios ojos. Aunque este es un asunto cotidiano para mí y me detengo poco o nada a pensar en ello, ver este tipo de cosas parece realmente darle un gran shock a la gente. Estábamos progresando, y la consciencia y sensibilidad de Birgitta estaban despertando y ampliándose. Ella había pedido esto: pide y "se te dará."

Estaba anonadada por haber captado a su tía abuela tan claramente. Vi una oportunidad para expandir aún más la consciencia de Birgitta, por lo que recomendé que tuvieran una conversación.

Le expliqué a Birgitta que las entidades no siempre saben que están muertas o lo que están haciendo.

Le expliqué que yo con frecuencia alertaba a las entidades sobre el hecho de que estaban muertas y que podían elegir diferente.

Así que la primera pregunta de Birgitta fue: "¿Sabes que estás muerta?" La tía contestó: "¡Desde luego, querida!"

Entonces le preguntamos: "¿Entonces por qué sigues aquí?" "Estoy cocinando."

"¿Para quién?"

Con esa pregunta, hubo un pequeño silencio en el espacio de la tía. Ella no se había hecho esa pregunta, ni siquiera se había molestado en notar que no había nadie para quien cocinar. Este tipo de cosas sucede con las personas que se identifican con una actividad en particular; no parecen notar que tienen la elección de hacer algo diferente, por lo que continúan haciendo lo mismo después de muertas. ¿Cómo puede ser más extraño?

Es extraño cómo la gente cree que cuando mueres eres más de lo que eras en tu vida o algo así. No es verdad; los seres a menudo continúan con sus mismos roles en la vida después de la muerte, sin siquiera notar que las cosas han cambiado.

Birgitta y yo nos convertimos en la vibración que invitó a su tía abuela a marcharse, lo cual finalmente decidió hacer. Convertirse en una vibración para una entidad es diferente de tener una conversación. Hablar con personas encarnadas vivas toma mucho más tiempo. Las entidades se comunican muy velozmente. Dan su comunicación en una descarga rápida, no en oraciones lineales, como hacemos con la conversación. Esto es porque ellas no experimentan el tiempo y el espacio de la misma forma que nosotros. Antes de que puedas terminar tu pensamiento, ellas ya están respondiendo. Puedes manejar grandes conceptos con las entidades en un instante; no necesitas perder tiempo con el vocabulario. Así que invitamos a la tía de Birgitta a irse con nuestras vibraciones: sin palabras, sólo con la vibración de otra posibilidad.

Encuentro mucho más fácil comunicarme con las entidades de esta manera. Puedes perderte de mucho si tratas de volverlo más lento con una conversación normal.

Con una entidad tienes que ser telepático, lo cual es altamente no lineal. Las entidades me dan imágenes y sentimientos a la vez. Dan la descarga completa al mismo tiempo, y yo tengo que descifrar la historia. Si han visto la película Matrix, entenderán mejor lo que es descargar. Es cuando recibes una ráfaga de información instantáneamente. ¿Alguna vez te ha llegado una ráfaga, una sacudida o un temblor de energía en cualquier momento al azar? Eso es como una descarga. Viene y se va muy rápidamente. Con las entidades, he aprendido a reducir la velocidad del flujo y a capturarlo, por así decirlo, para poder retransmitir la información. Para poder hacer esto, tienes que asegurarte de permanecer alerta y consciente. A veces, su comunicación puede ser muy sutil y otras puede ser bastante detallada o intensa.

Para verdaderamente recibir comunicaciones de las entidades, primero que nada, debes confiar en ti. Confiar en que no lo estás inventando o que no estás loco juega un papel enorme en todo esto.

Cuando quedamos satisfechas con la cocina, Birgitta y yo seguimos con el resto de la casa, limpiando muchas más entidades. Al final de nuestro tour, sentíamos nuestras cabezas girar por la ligereza y el espacio que habíamos creado en la casa previamente sobrepoblada. Cuando volvimos al granero a revisar si había entidades, descubrimos que todas las que estaban ahí cuando llegamos ya habían desaparecido. Habíamos creado tanto movimiento y energía en la casa, limpiando todas las entidades, que los seres en el granero se habían ido.

Limpiar una casa puede ser fácil o implicar mucho trabajo, pero siempre es una experiencia educativa. Siempre me sorprende la singularidad de cada situación. No hay una sola forma de liberar entidades, al menos no la he hallado; y hay tantas cosas extrañas por ahí, las cuales no podría acceder a ver, si no fuera por las entidades. Quienquiera que haya dicho que la magia no era real es un completo idiota.

Ayudando a mi hermana en una noche tenebrosa

En nuestra familia, nos referimos bromistamente a mi hermana menor, Grace, como "Marilyn Munster." Nos reímos sobre la manera en que el resto de nosotros somos tan… raros, mientras que Grace es tan normal. Ella es amable, educada y encantadora. Incluso nació con cabello rubio y el resto de nosotros tiene cabello oscuro, casi negro oscuro. Ella es la más joven de cuatro hermanos y siempre ha sido el pegamento que nos mantiene a todos juntos.

Grace siempre ha sido capaz de proyectar o parecer ser "normal," mientras cree en cosas ajenas y extrañas como los fantasmas y la consciencia y ese tipo de cosas. Siempre ha creído en ello, pero nunca se ha molestado en hablar abiertamente al respecto. Lo dejaba para sus hermanos y padres más comunicativos, quienes hablamos a cualquiera que quiera escuchar sobre las cosas extrañas que vemos en el universo. Grace prefería sonreír dulcemente y dejar que la gente llegara a su propia consciencia y conclusiones acerca cualquier tema poco políticamente correcto que se discutiera.

Pero llegó el momento en que Grace ya no pudo evitar ver ni hacer frente a algunas de las cosas raras con las que su hermana mayor lidiaba.

Eran las dos en punto una mañana de verano y yo estaba en San Francisco cuando desperté y vi un mensaje de texto de Grace, quien estaba en Santa Bárbara.

"Shannon, ¿cuándo vuelves a casa?", preguntaba. "Tengo miedo de dormir aquí en la casa sola." Gary no estaba y yo sabía por experiencia personal que su casa, la cual está cerca de la vieja Misión española en Santa Bárbara, podía ser muy activa en cuanto a espíritus.

Muchos de los indios y españoles que construyeron la misión en 1786 están enterrados por toda la propiedad que está justo junto a su casa.

Además, parece que a los espíritus les atrae Gary, quien no tiene puntos de vista acerca de cohabitar con ellos.

Hace unos cuantos años, dormí en la casa y estaba casi abrumada por la cantidad de visitas que experimenté. Había un flujo constante de entidades por la habitación, sin mencionar un tipo parado junto a la cama muy presente que no paraba de hablar. A la mañana siguiente, le dije a Gary: "¿Cómo duermes en esta casa? ¡Hay muchísimas entidades!"

Él respondió: "¿Y tu punto es...?"

"¿No te molestan?"

"No, no las vuelvo significativas."

Esa era una nueva forma de ver las cosas para mí.

Cuando Grace me contó que no podía dormir, sabía en definitiva lo que estaba experimentando; sabía que no era su imaginación. Le llamé a la mañana siguiente para obtener un reporte de sus aventuras nocturnas y ver si podía asistirla. Me contó que se había despertado aterrorizada y con sudores nocturnos. Como no podía localizar a nadie por teléfono, se mantuvo despierta con la televisión hasta las 6 am. Una vez que comenzó a amanecer, pudo al fin dormir.

Empecé por preguntarle si lo que estaba experimentando tenía que ver con entidades. Yo sabía que sí, y ella también lo sabía, pero hacer la pregunta la hizo reconocerlo en voz alta. Le pregunté si quería que le enseñara cómo tratar con ellas.

"Sí," respondió, sin estar realmente segura de acceder a ello, mas también consciente de que, después de una noche así, no había forma de evadirlo. Yo también supe que ésta era una oportunidad para ayudarla a aprender cómo tratar con las entidades.

Le pedí que se sentara y se sintonizara con la energía. Al hacer esto, estaba simplemente diciéndole sí a los espíritus, para que la energía pudiera fluir libremente entre ellos. Sintonizarse es como cuando estás en la playa o la montaña y realmente sintiendo la vibración. Permites que el espacio te afecte y lo absorbes. El sólo estar presente con algo que no puede hablarte con palabras y sentir la vibración puede ser un buen comienzo.

"Ok, ahora, ¿qué es lo que percibes?"

"Me siento mareada."

"Bien," respondí. "Continúa con eso. Sólo mantente presente."

El mareo se debía a que estaba bajando sus barreras a las entidades. Estar presente con el mareo bajaría las barreras contra lo que había resistido durante la noche. Básicamente, estábamos abriendo la puerta a la consciencia para que pudiera manifestarse.

Ella, como la mayoría de la gente, levantó una gran barrera contra las entidades, consciente o inconscientemente, en cuanto aparecieron. Su mareo era el resultado del mayor espacio que se abría al caer las barreras. La consciencia se siente espaciosa y también te puede hacer sentir mareado o aturdido. La mayoría de la gente piensa que es algo malo, pero no lo es.

Aunque eso sí, cuando le pedí que se sintonizara con lo que fuera que percibía con los espíritus, no se manifestó en la forma de palabras o imágenes. Apareció en la forma de aturdimiento.

Esta sensación o consciencia de aturdimiento eran las entidades comunicándose con ella.

Mucho del trabajo que hago con la gente y las entidades es no verbal. Con sólo examinar una energía en particular o estar consciente de una entidad específica, empieza a cambiar. Esto requiere la disposición de todas las partes involucradas a estar muy conscientes y a reconocer cosas muy sutiles.

Así que primero sólo estuvimos presentes con lo que era, para que pudiera mostrarnos cómo proceder con ello.

Hacerle estas primeras preguntas nos permitió a ambas abrirnos a la energía que presentaban estos espíritus.

Para la mayoría de la gente, esta fluctuación de energía es tan sutil que pasa desapercibida, pero con la práctica regular uno puede desarrollar una sensibilidad aguda al ritmo y movimiento de la energía. Con esta sensibilidad, las comunicaciones telepáticas y psíquicas pueden identificarse y recibirse más fácilmente, especialmente con las entidades.

"¡Genial!," le respondí. "Esa fue tu primera comunicación completa con una entidad. No quiere decir que obtuviste palabras o pensamientos, sin embargo, es comunicación energética."

Ella preguntó: "¿Eso era todo lo que ellos necesitaban?"

"Sí."

"Wow, fue mucho más fácil de lo que pensaba."

En este caso, Grace estaba comunicándose con los espíritus sin palabras y desde luego sin su mente.

He hallado que la comunicación con los seres encarnados y los seres desencarnados es alrededor de 10% verbal y 90% no verbal.

Todos siempre piensan que no pueden comunicarse con las entidades porque no pueden "oírlas" o "verlas." Esta manera de pensar entorpece y limita lo que puede mostrarse. Si reconoces la energía y la consciencia que aparecen y no tienen sentido lógico o son difíciles de definir, entonces la comprensión de la comunicación con entidades se vuelve bastante más fácil.

"¿Cuántas entidades más hay que atender ahí?" le pregunté a mi hermana.

Sentí que dudaba. Le pregunté: "¿Destruyes y descreas todos los puntos de vista que tienes de que esto no puede estar sucediendo y que no puedes realmente hacerlo?"

"Sí", respondió.

Le pregunté otra vez: "Ahora, ¿cuántas más entidades hay ahí que encarar?"

"¡Muchísimas!"

"¿Quieren hablar contigo o con alguien más?"

"Con alguien más."

Le dije: "Aunque la comunicación que quieren tener no es para ti, pueden ver que tú puedes oírlas. Es por ello que están viniendo a ti. Si tú recibes su información, ellas la impartirán o descargarán en ti energéticamente. No tienes que oír el mensaje para saber que lo recibiste. Sólo tienes que estar consciente de la energía."

"Cuando la persona encarnada a quien se dirija el mensaje pase a tu lado en la calle, o en una autopista, o te dé la mano, o pase a distancia razonable de ti, la comunicación energética fluirá de ti hacia ellos. De esta forma, nos convertimos en canales para el movimiento e intercambio de energías."

Es de esta manera que entra la facilidad en la ecuación. En cuanto Grace advirtió cuán fácil podía ser, experimentó un gran sentido de alivio. Ella pensaba que tenía que entender cognitivamente lo que todas las entidades estaban diciendo. Pese a que esta es una de las maneras de comunicarse con ellas y con todo lo demás, no es la única forma.

Podía oír cómo se preguntaba en su cabeza cómo esto iba a cambiar su vida. Viendo la oportunidad de mayor eficiencia, le pregunté: "¿Puedes hablar con grupos de ellas al mismo tiempo?"

"Sí."

"¿Con cuántas puedes tratar a la vez?", pregunté. "¿Con más de diez o menos de diez?"

"Con alrededor de cinco o seis", respondió. "Muy bien, hagámoslo con cinco."

Le pedí que se sintonizara otra vez y que permitiera que cinco entidades descargaran en ella su información al mismo tiempo. Le expliqué que la descarga ocurre cuando haces la mente cognitiva a un lado y te permites recibir información energética, y que sentiría diferentes cosas, desde un ligero estremecimiento hasta un movimiento como una sacudida en su cuerpo.

Grace comenzó a recibir información de las entidades, y ambas percibimos cómo se atenuaban una a una hasta la quinta, en cuanto terminaban de darle a Grace su descarga. Este proceso completo sólo tomó unos cuantos instantes.

Continuamos con varios grupos más. Conforme limpiábamos cada grupo, sentí una especie de energía de silbido cuando se iban. Pasábamos al siguiente grupo, el cual se liberaba de manera igualmente fácil y veloz. Había tantas entidades ahí para ella, porque sabían que ella estaba disponible para ellas de formas en que otras personas no lo están. Ellas sabían que ella podía ayudarlos, aunque ni ella misma lo entendiera completamente.

Después, ambas percibimos que topamos con algo más denso. Grace, que se había mantenido tranquila durante este proceso, empezó a sentir pánico y lo expresó. Cuando analicé de qué se trataba, pude "ver" que habíamos encontrado un ser que estaba específicamente para ella.

"¿Puedes oír lo que él está diciendo?", le pregunté.

Poniéndome mi sombrero de detective, procedí a hacer preguntas para darnos a ambas claridad acerca de lo que necesitaba pasar con esta entidad. Empecé con: "¿Quiere él obtener un cuerpo o es otra cosa?"

Grace dijo: "Obtener un cuerpo."

Instantáneamente su estómago empezó a doler y nos dio a ambas la imagen de que él quería ser su bebé.

"¿Quiere convertirse en tu hijo?" pregunté.

"Sí."

Entonces le hice la pregunta obvia: "¿Quieres tener un hijo?"

"No, no y doble no," respondió.

Dile: "No estoy embarazada ni estoy planeando embarazarme en el futuro cercano. Así que, si quieres obtener un cuerpo, tendrás que encontrar a alguien más para que cree un cuerpo para ti."

Esto no pareció tener efecto en las intenciones de la entidad, lo cual me indicó que había una parte de esta relación que Grace estaba creando inconscientemente. Tal vez había hecho un compromiso o una promesa a este ser en otra vida, algo en la línea de "te voy a cuidar por siempre" o "te amaré por siempre" o "siempre estaré ahí para ti".

Me encuentro con este tipo de cosas todo el tiempo. Mucha gente tiene entidades con ellas con las cuales se comprometieron de alguna forma en alguna vida. Ya saben, como en una ceremonia de matrimonio cuando dices "hasta que la muerte nos separe," pero, si eres un ser infinito, ¿te mueres alguna vez?

Esta entidad estaba ahí, esperando que ella lo cuidara como había dicho que lo haría. El único problema es que Grace había olvidado completamente esta obligación y no tenía interés en cumplir su promesa en el presente.

Le pregunté: "¿Destruyes tus promesas, votos, juramentos, fidelidades, comunidades, lazos y contratos vinculantes con este ser?"

Cualquier compromiso o decisión que hayas hecho en cualquier vida o realidad puede ser deshecha, es así de simple.

"¡Sí!"

¡La energía seguía sin cambiar!

Le pregunté a la entidad si destruiría y descrearía todas sus promesas, etc.

"Sí," respondió, como una sombra en mi consciencia.

La energía se volvió más ligera, indicando que esto creó un cambio, pero todavía no se iba.

Le pregunté a Grace: "Verdad, ¿estarías dispuesta a dejar ir a esta entidad?"

Con esta pregunta, Grace y yo nos dimos cuenta de que una parte de ella quería aferrarse a este ser. Ambas advertimos que este ser había estado con ella por tanto tiempo, que no lo reconocía como algo separado de sí misma.

Cuando este ser se fue, tanto Grace como yo sentimos un tremendo aligeramiento.

Me dijo: "Me siento como triste."

Le respondí: "Entiendo, porque ya se fue esta entidad, que ha sido parte de ti por tanto tiempo."

Le dije que volvería, si ella lo deseaba, y ella rápidamente dijo: "¡No!"

En los días subsecuentes, la vida entera de Grace cambió. De hecho, bajó dos tallas y dijo que nunca se había dado cuenta, pero que antes, había un sonido constante en sus oídos que se fue.

Al enfrentar lo que había que ella no podía creer que estuviera ahí, fue capaz de cambiar una gran área de su vida: así de simple.

Creo que cualquiera puede tener estas transformaciones y cambios, si los desea. Todo lo que toma es el coraje para enfrentar lo que quizá creamos que es aterrador o altamente improbable.

Cambio de guardia

Me encontraba montando a caballo en Gidgegannup, al oeste de Australia con dos amigas. Había viajado a Perth para participar en una clase de Access que Gary estaba facilitando y decidí visitar a una buena amiga que tenía un rancho a 44 km de Perth. Cuando la clase terminó, me invitó a visitar sus caballos y cabalgar.

En un hermoso día soleado y claro, mis dos amigas y yo condujimos a Gidgegannup atravesando tramos interminables de colinas de polvo secas y arboledas de eucaliptos verdes y polvorientos. Mi amiga dueña de los caballos era una australiana atlética, alta y rubia, que vivía en una propiedad de cuatro acres con su novio y doce caballos. Me presentó a todos los caballos y después a su novio, en ese orden. Iba a montar un hermoso caballo Dutch Warmblood (holandés de sangre templada), llamado Lincoln. Lincoln era color castaño, hermoso y alto, con buenos modales. Era el caballo más grande en el rancho, pero mi amiga me aseguró que tenía el corazón más noble. Mi tercer camarada era una vieja amiga de Nueva Zelanda que conocía de años. Estábamos disfrutando nuestra visita anual juntas durante los pocos días que teníamos antes de que cada una partiera por el mundo.

Hacía tanto calor que estaba usando pantalones cortos y sandalias, no exactamente la vestimenta perfecta para montar a caballo. Mi amiga me prestó sus polainas extras. Me las puse para proteger mis piernas y me prestaron unos zapatos. Me veía increíble. Lancé mis brazos sobre la montura y me monté sobre Lincoln.

Decidimos cabalgar alrededor de varias de las grandes áreas de pastura cercadas del rancho para familiarizarnos con nuestros caballos. Emprendimos una cabalgata relajada, platicando sobre nuestras vidas y riendo de cualquier cosa, felices de estar vivas. El tiempo pasaba y el sol ascendía en el cielo. No podíamos estar más satisfechas.

Decidimos hacer trotar a los caballos para ver cómo se sentía, como habíamos hecho cientos de veces antes. Esto es lo último que recuerdo antes de despertar, desparramada sobre mi espalda, en la tierra, mirando el vasto cielo azul sin nubes.

No tenía ningún sentido acerca de lo que había sucedido. Todo lo que podía sentir era la palpitación en mi cabeza o lo que creía que estaba palpitando, pero realmente no estaba pensando o percibiendo de una manera normal que pudiera ser entendida por alguien que nunca ha quedado inconsciente.

No tenía ningún sentido de la realidad en la que estaba, y el viaje de vuelta a esta realidad fue a la vez doloroso y lo que podría describirse de mejor forma como extático. Podía percibir que mi amiga estaba muy alterada acerca de algo, porque estaba sentada junto a mi cabeza, llorando. Descubrí más tarde que tenía miedo de que estuviera muerta o camino a la muerte. No dudo que haya sido su ruego de que regresara a mi cuerpo lo que me trajo de vuelta de mis viajes espaciales. Después de que me recuperé en las semanas subsecuentes, recordé haber estado fuera de mi cuerpo y haber visto dos caminos ante mí. Uno era de vuelta aquí ¿y el otro...?

Noté que la intensidad de los sentimientos de mis amigas me lastimaba, por lo que les pedí que se tranquilizaran. Literalmente sentí como si su preocupación estuviera aplastando mi cabeza. Hicieron lo que pudieron por relajarse, dadas las circunstancias, y las tres nos sentamos en el pasto por un largo tiempo, mientras yo trataba de recalcular mis coordenadas en la vida.

Después, les pregunté qué había pasado mientras volvía en mí. Ambas me dijeron que estaban realmente asustadas. Me relataron que repetía la misma pregunta una y otra vez: "¿Dónde vivo?" Me dijeron que les pregunté lo mismo más de veinte veces. Me respondían una y otra vez que vivía en California y que estaba en Australia tomando unas clases de Access. Entonces les preguntaba: "¿Qué es Access?" La amnesia es algo asombroso y misterioso.

Recuerdo haber mirado los eucaliptos a nuestro alrededor y pensado: "Qué extraños árboles, qué extraño lugar es éste."

Sabía que tenía herramientas para ayudarme cuando las cosas no iban bien, pero no me podía acordar de cuáles eran, o, si venían al caso, o incluso la razón para usarlas. En ese momento, el novio de mi amiga se nos unió en el pasto. Recordé entonces que los caballos habían estado con nosotras. Pregunté a dónde se habían ido los caballos. Me dijo que los había apartado, lo cual indicaba que había estado inconsciente durante un tiempo. Se sentó con nosotras en la tierra y me sonrió; esto aligeró considerablemente los ánimos. Hablaba al viento y me dijo que lucía como un minero de carbón. Todo el lado derecho de mi cara estaba lleno de tierra y lodo, lo cual no podía sentir y no había notado. Tenía tanta tierra en mi nariz que me tomó 10 minutos removerla toda cuando me duché más tarde. Todos nos reímos, y mi risa pronto se tornó en lágrimas. Éstas no eran lágrimas de dolor, sino el tipo de lágrimas que lloras cuando algo profundo dentro de ti ha cambiado y te acabas de caer de boca de un gran caballo.

Es difícil para mí describir, y quizá para otros imaginar, cuán profunda fue para mí esta experiencia. Yo era como una recién nacida en un "viaje" inducido por drogas. Cuando empecé a recuperar más y más consciencia, empecé a tener una consciencia intensa de los sentimientos de mi amiga. Casi no podía soportar cuán intenso era esto. ¿Cómo es que me había perdido de esto en ella antes? ¿Realmente era tan inconsciente?

Sentí como si sus pensamientos me estuvieran quemando, como si estuvieran gritándome con una frecuencia insoportable.

Todo lo que pude hacer fue tratar de bloquear la información, pero lo que fuera que había usado en el pasado para no darme cuenta de estas cosas ya no estaba ahí. Apenas podía soportar ver a mi rubia amiga, ya que parecía tan triste que pensé que mirarla me mataría. Por supuesto que estaba preocupada por mí, y esos sentimientos eran muy aparentes, pero yo no podía juntar estos dos elementos: que estaba alterada porque yo me había lastimado. Podía sentir su alteración como un martillo en mi cara. Y después estaban todos los sentimientos que ella siempre había tenido, todos desfilaban frente a mí con una claridad insoportable.

Y al mismo tiempo que percibía todas estas tribulaciones, yo experimentaba la paz más profunda y expandida que jamás había sentido. Es impresionante de lo que el cerebro es capaz cuando lo sacuden en la forma correcta.

Estaba anonadada al darme cuenta de todo a lo que no ponemos atención. Después de todo el incidente, cuando ya me había recuperado completamente, me di cuenta que era la forma en que percibe el mundo un recién nacido. Estaba completamente vulnerable y receptiva al espacio en la cabeza de todo mundo.

En este nuevo mundo, las hormigas en la tierra se sentían como si afectaran cada molécula de mi existencia, y el despejado cielo azul se sentía como si abriera mi pecho, tratando de liberar mi corazón de una vida pasada en la que retenía todo dentro y me juzgaba.

No podía ver a nadie directamente a los ojos por más tiempo que una fracción de segundo, debido al miedo de ser engullida por sus sentimientos. No podía formar un pensamiento u oración consistente.

Me preguntaban todo el tiempo qué quería hacer, y todo lo que podía hacer era llorar y acostarme en la tierra o arrastrarme a los árboles y abrazarlos y seguir llorando.

Conforme volvía en mí, hacía más preguntas a mis amigas acerca de por qué estábamos todos ahí. No por qué estábamos en el rancho equino, sino por qué estábamos aquí en el planeta Tierra en esta realidad. No podía entender por qué elegíamos tanto dolor. Pude sentir de inmediato el vasto poder y la paz de la Tierra, y a la asustada, miserable, preocupada y agonizante especie llamada la raza humana. Desde ahí podía ver la razón por la que la gente se vuelve loca. ¿Cómo iba la Tierra a lograr sobrevivirnos? ¿Cómo iba yo a lograr sobrevivir a este lugar? Y luego mi atención era atraída a lo lejos, del otro lado del pastizal, por una ardilla rasguñando el tronco de un árbol, y me maravillaba con el gozo puro de esa pequeña criatura y lloraba por ese gozo.

Era como la mejor droga que había consumido, y me deslizaba entre el peor viaje y el mejor viaje de mi vida. Había abandonado por completo la realidad que conocía y había sido lanzada a un país de las maravillas con madrigueras de conejos. Si me enfocaba o ponía atención en una energía o movimiento del mundo a mi alrededor, me transportaba completamente a él, como si pudiera ver cada faceta de su existencia. Ya no estaba desconectada de nada; podía sentir que todo pulsaba con energía —¿o era sólo mi cabeza?

Peleaba con las voces de la razón, conforme me devolvían a este lugar; sin embargo, poco a poco recuperé "el sentido" y me convencieron de meterme a la ducha y después en el auto.

Varias veces he pensado que así debe sentirse ser retrasado. No me importaba si me quedaba así. Me sentía más libre que nunca, pese a que parecía estar pagando el precio de no verme ni actuar normalmente.

No tenía ningún otro rasguño o hematoma en ninguna otra parte de la superficie de mi cuerpo.

Tenía dos días para recuperarme antes de abordar un avión para volar cinco horas hacia la costa este de Australia. Pasé esos días en cama, en un coma por contusión.

Lentamente el mundo volvió a enfocarse, ¡pero todo se veía tan diferente! No podía decir qué era lo diferente; sólo sabía que lo era. No tenía idea de cuándo quería comer o de qué quería comer. Tenía que entender, como si fuera la primera vez, qué mano usar para escribir. Mi cuerpo se ocupó bien de mí en esos días. Sabía qué hacer, pese a que yo había perdido todo sentido.

Milagrosamente, llegué al avión y sobreviví el vuelo a Brisbane.

Una de las cosas que advertí fue un dolor intenso en el cuello. Le pedí a un amigo, el Dr. Dain Heer, si podía ajustar mi cuello. Dain es un muy buen amigo de la familia y es un hombre maravilloso. Llegó a Access siendo quiropráctico del método de Red. No sólo ajusta y sana tu cuerpo, también tiene la habilidad de ajustar y sanar tu ser y tu vida. Es un creador de milagros, como muchas personas podrán confirmar, y tengo la suerte de tenerlo como amigo cercano. Esperando sentirme mejor, me recosté en la camilla.

En vez de poner sus manos sobre mí, Dain se quedó parado mirándome fijamente con su cabeza ladeada. Iba a poner sus manos en mi cuello, pero las retrajo y acarició su barbilla.

Yo sabía que él estaba desconcertado, pero no tenía idea de qué estaba buscando.

Simultáneamente nos preguntamos el uno al otro qué sucedía. Dain respondió primero.

"Mmm, ¿estás diferente?"

Pensé: "Bah, sí," pero le pregunté qué quería decir. Entonces soltó la bomba.

Me dijo: "Bueno, te ves realmente diferente; quiero decir, totalmente diferente, como una nueva persona. ¿Eres un nuevo ser?"

Pensé que lo decía metafóricamente y dije que sí, me sentía como una persona nueva.

Pero lo que él quería decir era que yo era literalmente una nueva persona. ¿El ser que yo era se había ido y había un nuevo ocupante o inquilino en este cuerpo? Esta comprensión empezó a penetrar las capas de especulación e incredulidad, y de repente, todo empezó a tener mayor sentido. Entendí por qué no podía entender lo que mi cuerpo quería o cómo hacer cosas simples como cepillarme los dientes. De acuerdo, el cuerpo recordaba la mayor parte de lo que era necesario; sólo tenía que relacionarme con el cuerpo por primera vez. Verdaderamente me sentía como recién nacida con este extraño cuerpo grande.

Lo que Dain estaba preguntando parecía casi demasiado increíble para creerse, pero, al mismo tiempo, se sentía exacto. Tan pronto como empecé a comprender todo de todo esto, percibí a la Shannon #1, como me gusta llamarla, parada junto a la mesa en la que yo estaba recostada. Me estaba viendo, pidiéndome permiso para irse. Tanto Dain como yo rompimos en llanto. Sé que algunas cosas en este libro han sido muy extrañas, y esta historia no lo es menos, quizá un poco más extraña que el resto.

Pensaría que pertenezco al manicomio por tener las experiencias que he descrito, si es que gracias a ellas no hubiera también experimentando y recibido las transformaciones más gigantescas.

Podía percibir al ser que había habitado previamente este cuerpo parado junto a mí. Sabía que ella no era yo; se sentía distinta. Estaba más triste —pero también estaba aliviada de irse. Me informó que estaba esperándome desde que este cuerpo tenía 14, pero dadas las circunstancias, el momento no era el correcto sino hasta ahora. Me pidió que por favor cuidara a su madre. Esto me pareció profundamente conmovedor y también algo extraño. ¿Mamá no era mi mamá ahora?

Era como si un peso gigantesco estuviera siendo retirado de mí otra vez. De repente, todo pareció más ligero y más claro, como si todo fuese brillante y fácil.

Las lágrimas de gratitud y cambio eran incontrolables. Le dije a Shannon #1 que sí, que podía irse y que yo estaba lista para tomar las riendas. Había tratado de tener esta conversación conmigo desde que recobré la consciencia en el lodo en Gidgegannup, en Australia occidental, sólo que yo no había notado o entendido qué estaba sucediendo. Resulta de ayuda tener amigos mágicos y extraños que te ayuden a ver las cosas que se te escapan.

En cuanto Shannon #1 dejó la habitación, un rayo de luz se encendió dentro de mí. Fue como si una nube oscura de la cual nunca había sido capaz de escapar fuese finalmente removida de algún lugar profundo dentro de mí.

En las semanas que siguieron a la caída, todos a mi alrededor y yo misma experimentamos una Shannon más ligera, brillante y amable. Shannon #1 era atormentada por demonios de cierto tipo, demonios que había adquirido en la infancia por una multitud de razones, y en los años adolescentes con todas las drogas. Es como si ella estuviera guardando un lugar para mí. Un lugar donde asimilaría y lidiaría con toda la insania y el abuso que algunos pueden tener creciendo en este mundo. Los demonios se fueron cuando ella se fue. Lo que quedó fui yo, un ser con más apertura a más posibilidades.

Caerme del caballo fue la experiencia más transformadora de mi vida a la fecha. Grandes áreas de personalidad y comportamiento en apariencia inmutables desaparecieron. Áreas de mi vida o de la vida del ocupante previo que habían sido grandes problemas estaban arregladas ahora, y el alivio que sentí fue inmenso. Bromeé con Gary la semana después del accidente que lo único que toda la gente necesitaba hacer para cambiar era tener una lesión en la cabeza y se despertarían diferentes.

Él se reía y decía: "Todo lo que necesitabas saber sobre la vida lo puedes aprender en un caballo." ¡O cayéndote del caballo, en mi caso!

PARTE TRES

«En la preparatoria, tomas Álgebra, no Comprensión de la energía psíquica y comunicación con las entidades 101.»

~ Shannon O'Hara ~

Transcripción de la Clase Hablando con las Entidades, Australia 2008

Shannon: Esta clase es para facilitarles el reconocer sus propias habilidades con las entidades. Las entidades pueden ser un enorme activo para nosotros, si estamos dispuestos a tenerlo. Por favor, dense cuenta de que hay cosas posibles y disponibles aquí que tal vez no hayan considerado antes.

Me gustaría hacer preguntas, porque las preguntas guiarán la dirección de la clase. Si estás dispuesto a acceder a un nivel de potencia con tu consciencia, realmente podremos divertirnos.

El amplio universo de las entidades me ha forzado a extender mi percepción, puesto que es bastante indefinible. Se parece tan poco a esta realidad. No funciona con tiempo, no es lineal; y cada entidad o energía individual es completamente única en sí misma. La historia e impronta magnética de cada entidad son únicas, siempre es diferente.

Nunca puedes ir en piloto automático con esto. No hay orden lineal que puedas usar, no hay fórmula que siempre funcione con las entidades. Siempre es diferente, así que la habilidad y la disposición a ver lo que es, en vez de lo que crees que deberías ver, puede abrir algunas puertas fantásticas.

Entonces, ¿qué son las entidades? Una entidad es una energía que está estancada en una identidad, tiempo o lugar. Así que, chicos, cuando dicen: "Soy tan... y tan..." o "Soy humano," están creando una definición e identidad a través de las cuales literalmente imponen una impronta energética y magnética que formulará una entidad singular que, incluso cuando su cuerpo muera, existirá como el tú definido, hasta que elijan algo distinto.

La elección es realmente la clave que la mayoría de la gente, encarnada y desencarnada, no se da cuenta que posee.

Pregunta: Entonces, ¿estás sugiriendo que, aun cuando tu cuerpo muera, la entidad se queda aquí en esta realidad, a menos de que tome una elección distinta?

Shannon: Sí, no siempre, pero sí. Y ése es el tema también, cada vez que tu cuerpo muere, traes contigo una impronta o esquema magnético de lo que has conocido, lo que has hecho, lo que has sido y lo que has pensado. Por lo tanto, tú, como entidad, existes todavía, aunque no con este cuerpo que experimentas actualmente.

Pregunta: ¿Tú ves a las entidades?

Shannon: Sí.

Pregunta (mismo participante): ¿Qué tomaría para que yo viera a las entidades?

Shannon: ¿Alguna vez has visto cosas moviéndose con el rabillo del ojo y después no hay nada ahí?

Participante: Sí.

Shannon: Eso es una entidad. Así que los pasos iniciales para ver y estar consciente de las entidades es reconocer cada vez que lo hagas y cada vez que ha sucedido y lo eliminaste con un: "Oh, eso no fue nada." Se trata de reconocer lo que sí captas, aun cuando no tenga sentido.

¿Alguna vez has entrado en una habitación y pensado: "Oh, esto es terrorífico" o "Me quiero ir ya?" Cada vez que reconoces esto, tus percepciones y capacidades se refuerzan. Cada vez que las ignoras, niegas, resistes o rechazas, disminuyen. Otros aspectos que obstaculizan que las personas perciban y tengan relaciones con las entidades son sus proyecciones y expectativas de las entidades y, desde luego, su miedo.

El miedo es un tema gigante, y ojalá que, una vez que las personas comiencen a educarse más sobre lo que el mundo de las entidades realmente es y deje de comprarse lo que leen en los libros y ven en las películas, puedan empezar a tener una mayor consciencia y paz con ellas.

Todos ustedes tienden a esperar que las entidades aparezcan de cierta forma, y es esa expectativa lo que les impide ser capaces de verdaderamente percibir lo que hay ahí.

La manera en que la gente puede empezar a cambiar sus proyecciones, expectativas y miedos sobre las entidades es destruyendo y descreando todo lo que se han comprado de otros al respecto. Devuélvanle todo al remitente y, con suerte, cuando hagan esto suficientemente, comenzarán a tener un sentido de cuál es su propia realidad con este tema.

Todos los lugares donde has decidido cómo se supone que son y lucen las entidades, ¿los destruyes y descreas? Cambia todo eso, permítele que se muestre como sea que desee mostrarse, no como tú esperas que lo haga o juzgas que debería ser.

Así que, ¿qué significa para ustedes ver entidades, chicos? Porque es el significado que han creado y se han comprado a través del tiempo sobre las entidades lo que los mantiene atorados en puntos de vista específicos, y, por lo tanto, dificultando ver cómo es, en vez de como "piensan" que debería ser.

Respuesta: Supongo que las entidades significan una responsabilidad, abracadabra, la aparición fantasmal.

¡Fantasmas! ¡Almas perdidas! ¡Estancadas!

Shannon: Sí, ¿no es interesante? ¡El hecho es que las entidades son simplemente como nosotros! Se trata de volverse consciente de las diferentes energías, para que puedan recibir lo que hay ahí, no lo que "piensan" que hay. ¿Qué va a tomar esto? La gente tiene la tendencia a funcionar desde el punto de vista de que las entidades son grandes seres aterradores que están ahí afuera para atraparlos y que todas deben ser malas. Sencillamente, ése no es el caso.

Pregunta: ¿Tengo entidades deteniéndome en mi vida?

Shannon: Ja, ja, ja, sí, a la gente le gusta culpar a las entidades por muchas cosas. Así que, verdad, ¿tienes una entidad deteniéndote en tu vida o en realidad tienes a un ser cuyo objetivo es ayudarte con tu cuerpo?

Respuesta: Oh, wow, bien, la pregunta sobre ayudarme con mi cuerpo tiene más sentido. Es curioso, nunca lo había pensado de esa forma. ¿Qué es lo que va a tomar para que yo las escuche?

Shannon: Una mejor pregunta sería: "¿Qué va a tomar para recibir más?", porque recibir más te permitirá obtener lo que ellas están dando.

Entonces, ¿de qué has estado consciente en tu cuerpo? Ahora mismo, y todos pueden hacer esto: pidan a las entidades que están aquí, que faciliten para su cuerpo y que les regalen una sensación que no puedan dejar de percibir. ¿Qué perciben?

Respuesta: Una presión en mi cabeza.

Shannon: Bien, ahora pidan a las entidades que están aquí para facilitar salud y consciencia en su cuerpo, que les regalen una sensación que no puedan pasar por alto. ¿Qué notan ahora?

Respuesta: No es una presión; ¡se siente mucho más ligero! Sí, wow, está hormigueando en todo mi cuerpo.

Shannon: Esta es la manera de empezar a desarrollar su sensibilidad a ellas y su presencia. Su cuerpo está más dispuesto a estar consciente que ustedes, por lo que puede registrar información y sensaciones que pueden llevarlos a mayor consciencia con los fantasmas. Su cuerpo es un receptor de abrazos para las entidades. Su cuerpo se comunica con ustedes todo el tiempo para darles información que pueden tal vez ignorar sobre lo que sucede a su alrededor energéticamente. Pero la mayoría de la gente comete el error de sólo decir: "Oh, tengo mucho calor" u "Oh, me duele la cabeza."

Éstas pueden ser las maneras en que su cuerpo les está diciendo que ahí hay una entidad. También puede mostrarse de muchas otras formas, como toser, un hormigueo en las manos o pies, piel de gallina.

Pregunta: Cuando voy a un funeral, sollozo y lloro incontrolablemente, y realmente puede tratarse de cualquier persona, no importa. ¿Qué es esto?

Shannon: ¿Cuánto estás captando de todos los demás que no ellos no están expresando? Eso sería el caso clásico de: "¿A quién le pertenece esto?"

Participante: Realmente me gustaría sentir o percibir entidades, pero no siento ni percibo nada.

Shannon: Tienes que empezar por reconocer lo que SÍ percibes y cómo se muestra para ti, como las sensaciones en tu cuerpo. Comunicarse con las entidades puede ser muy sutil, y es una cuestión por desarrollar, más allá de tus cinco sentidos. Se mostrará de manera diferente para todos, por lo que no hay una forma correcta. Se trata de desarrollar tu confianza en ti y la disposición a tenerla.

Se trata de salir de lo que ya decidiste que es real y verdadero y de cambiar la forma en que percibes y lo que estás dispuesto a percibir.

Pregunta: Entonces, ¿qué es toda esta duda que aparece?

Shannon: La duda es siempre un distractor diseñado para distraerte de lo que sucede por debajo o detrás de ello. El miedo también es un distractor. Los distractores te impiden ver lo que es real para ti. La duda nunca es real; puedes preguntarte qué está por debajo de la duda o el miedo.

Participante: Sí, siento una habilidad o algo que no estoy seguro de que sé cómo manejar.

Shannon: Bien, los distractores te impiden muchas veces ver tu propia potencia y habilidades. ¿No es curioso cómo le tenemos miedo a nuestras propias habilidades? Todo es lo opuesto a lo que parece ser y nada es lo opuesto a lo que parece ser.

Si estuvieras dispuesto... la disposición es una parte enorme de ello. Si estuvieras dispuesto a superar el miedo y la duda y a no comprártelos como reales, podrías tener acceso a más de ti y más de tus habilidades. Mientras sigas comprándote la duda y el temor, seguirás siendo limitado en esa área.

Algo que yo encuentro muy interesante el poder que le da la gente a las entidades. La gente tiende a creer lo que ve en las películas y escucha en las historias de fantasmas. Ya saben, es curioso, porque las entidades son como las personas; son simplemente como nosotros. Algunas son inteligentes, otras no; algunas ni siquiera están conscientes de que ya murieron.

Pregunta: Sé que he bloqueado esa habilidad. He cerrado esa parte de mí. ¿Es sólo una cuestión de elección?

Shannon: Sí, absolutamente. La elección siempre está primero. Después, destruir todas tus decisiones, juicios y conclusiones puede en verdad ayudar a sacar del camino toda la basura que lo está haciendo difícil para ti.

También, recuerden por favor que la consciencia es como un músculo. Cada vez que la invalidas, ignoras y niegas, se debilita. Cada vez que dices: "Oh sí, ¡percibí eso!", reconoces, y en este reconocimiento de ello, se intensifica. Tal vez no sepas cognitivamente lo que estabas captando o tengas un lugar para entenderlo, pero, si reconoces que ahí estaba o que algo estaba sucediendo, entonces comenzará a ser más fácil. Y, desde luego, también ayuda pedir que sea fácil, en vez de reforzar continuamente que es difícil y aterrador.

Pregunta: A veces, cuando estoy dormida, oigo que alguien llama mi nombre. Es tan claro que me despierto, pensando que es mi novio y que estoy retrasada para el trabajo u otra cosa. Me apresuro a salir de la habitación y mi novio ya se fue y no hay nadie. Juro que oí claramente que alguien llamaba mi nombre.

Shannon: ¿Era su voz o asumiste que era la suya?

Respuesta: No, supuse que era su voz, pero no era. Esto me ha sucedido tantas veces...

Shannon: ¿Te sucede esto en cualquier casa en la que vives?

Respuesta: Creo que sí, de hecho; pero creo que ha sucedido principalmente en la casa en la que estamos ahora. Una vez, mientras salía caminando hacia mi auto, sentí como si alguien me pellizcara en el brazo.

Shannon: Sí, oír que alguien llama tu nombre es de hecho más común de lo que piensas. La razón por la que te sucede en ese estado de sueño muy temprano por la mañana es probablemente porque estás más relajada y receptiva en ese momento del día que en otro. Ahí es cuando pueden acceder a ti. Así que, cuando suceda otra vez, puedes seguir adelante y hablar con ellos o ella. Todo lo que tienes que hacer para empezar, es decir: "Hola, ¿qué tal? ¿Pueden ustedes (las entidades) hacer esto más fácil para mí?, porque no estoy captando lo que están haciendo aquí o diciéndome, y no puedo percibirlas muy bien ahora mismo."

Respuesta: Gracias.

Pregunta: ¿Pueden estar pegadas a una casa y querer que te vayas de ella?

Shannon: Absolutamente, las entidades son justo como nosotros; adoptan puntos de vista como: "Esta es mi casa, mi hombre, mi mujer o mi mascota." A veces, tendrás este increíble sentimiento de que necesitas huir de esa casa, y otras veces tan sólo captarás esa vibra. Las casas embrujadas son muy comunes. No sería mi primera elección quedarme en una casa por toda la eternidad después de morir, pero cada cual...

Respuesta: Bien, creo que hay un fantasma o espíritu en mi casa e hizo un ruido aterrador una vez. En otra ocasión, pensé que estaba tratando de hacernos algo a mí y a mi hermano, así que le dije que se largara, y sé que soy más poderoso que él.

Shannon: Yo no necesariamente asumiría que decirle que se largue sea efectivo en todos los casos o que eres más poderoso que él. El verdadero poder es la disposición a cambiar. ¿Qué podrías haber cambiado en esa situación que habría creado un resultado distinto? Si estás dispuesto a simplemente verlo sin juicios ni puntos de vista, tendrás mayor potencia para hacer algún cambio. A mucha gente le gusta esconderse y se dice a sí misma: "No quiero ver esto" o "No quiero lidiar con eso". Entonces, ¿quién tiene el poder: tú o la cosa que estás tratando de no ver?

Les has dado el poder a ellos con tu falta de disposición a recibirlos.

Y recuerden, ¿se va toda la gente cuando les dices que se larguen, o algunos se quedarán todavía? Es lo mismo con las entidades.

Respuesta: Bueno, parece que verlos y tenerlos en mi vida significaría algo y cambiaría mi vida.

Shannon: Sí, es correcto, cambiaría tu vida. ¿Eres consciente de qué cambiaría?

Respuesta: Sí, definitivamente tendría que ver las cosas de forma diferente.

Shannon: Genial, ¿cómo puede mejorar esto? Recuerden, es la significancia y, a menudo, las mentiras que ponemos en esas entidades lo que crea dificultades. La comunicación con las entidades no necesita ser un gran problema ni tampoco algo difícil y aterrador.

Hay muchísimos seres allá afuera; podrían ser familiares o amigos que sólo quieren decir hola y quizá adiós por última vez antes de irse.

Doy un ejemplo de ello en la historia "Visitada por una vieja amiga de la familia", en la que Mary, una vieja amiga de la familia, vino a mí después de su muerte, para decir adiós. Si la hubiera resistido, habría sido más difícil para ella comunicarse conmigo.

Esto es lo que la gente hace con las entidades; las resisten porque creen que todas son malas. En mi disposición a recibirla, pese a que tenía miedo al principio, hubo una amabilidad y un cariño que ambas compartimos.

Pregunta: ¿Hay un objetivo con las entidades, porque me han enseñado a liberar a las entidades?

Shannon: Pues sí, limpiarlas puede ser bueno, y a veces, comunicarse con ellas es más apropiado. Para mí, es sólo una cuestión de estar consciente de lo que se requiere en cada situación diferente. Liberar a las entidades puede crear un enorme cambio y una transformación de la energía. Y en lo que se refiere a una meta, te puedo decir cuál es mi meta con las entidades.

Respuesta: Sí, ¿cuál es?

Shannon: Tener consciencia total —y aún sigo descubriendo cómo es eso.

Pregunta: Siento que casi todo el tiempo sólo estoy tratando de que se vayan.

Shannon: ¿Cuántas veces intentas que tus problemas simplemente se vayan en vez de verlos? ¿Generalmente funciona o usualmente tienes que ver algo para cambiar el problema con el que estás lidiando? ¿Qué tal si no hay problemas? ¿Qué tal si no hay nada de lo cual deshacerse?

Pregunta: Entonces, no siempre se trata de tener que limpiar a las entidades: ¿es también acerca de estar conscientes de que ellas están ahí?

Shannon: Sí.

Pregunta: Recuerdo una clase que diste hace como un año. Había una mujer que trataba y trataba de liberar a su pariente ¡¡¡y éste se estaba enfureciendo de verdad!!!

Shannon: Ah sí, es cierto, creo que era su abuelo o abuela, y su punto de vista era: "¿Por qué estás tratando de que me vaya?" Ése fue un ejemplo realmente bueno de lo que estoy hablando. Si recuerdo bien, la dama que estaba en la clase había estado pidiendo ayuda en su vida y, aparentemente, su abuelo había venido para ayudarla en lo que estaba pidiendo. La mujer no lo captaba y trataba de liberar a su abuelo en vez de recibir el regalo de su asistencia.

Pregunta: Entonces, ¿básicamente necesitamos volvernos conscientes de cuándo liberar y cuándo recibirlas?

Shannon: Sí, liberar es bueno y comunicar es bueno; se trata sólo de tener consciencia de lo que se requiere.

Pregunta: Tengo muchas entidades que se acercan a mí y cuando les pregunto si están ahí para facilitarme, obtengo toda esta energía.

Shannon: Eso es exactamente de lo que hablo. Así que, permíteme preguntarte algo. ¿Eres un canal?

No hay respuesta.

Shannon: Esa es una pregunta de sí o no. Clase, ¿qué piensan?

Clase: ¡Sí!

Shannon: Entonces, ¿estás consciente de ello?

Respuesta: ¿Sí?

Shannon: Bien, en cierto grado, estás consciente de ello, porque ahora te ves totalmente diferente de lo normal, y hay una presencia en tus ojos que no eres tú, y acabas de decir que hay entidades que vienen a tu cuerpo. Te sugiero explorar qué es esto para ti. Sé que puede parecer muy abrumador, pero debes tener todas las herramientas y claves para que esto funcione para ti, de otro modo no tendrías la habilidad.

Creo que es muy importante para la gente con habilidades como tú, que son canales, reconocer primero que eso está pasando y, en segundo lugar, aprender a usar sus habilidades. Hay mucha gente allá afuera que tiene habilidades fenomenales con las entidades y no están conscientes de que eso está sucediendo con ellos, y puede manifestarse en trastornos "conductuales" tales como la esquizofrenia, tendencias bipolares, depresivas y suicidas, trastorno de personalidades múltiples, TOC, TDA e incluso autismo. El autismo es un tema completamente aparte, el cual no abordaré ahora, pero quienes tienen autismo no sólo son altamente conscientes de las entidades, también poseen enormes habilidades psíquicas. ¿Qué tal si ellos son la evolución de la especie hacia una forma más elevada de consciencia? ¿Qué tal si tienen habilidades psíquicas agudas, y no los denominados trastornos mentales?

Los esquizofrénicos hacen frente a múltiples entidades. No están locos y no hay nada malo en ellos. De hecho, hay algo realmente espectacular en ellos. La gente con autismo no es retrasada; simplemente son tan avanzados psíquicamente, que no pueden encajar en lo lento y denso que son las cosas aquí.

¿Qué pueden enseñar y mostrar estas personas al mundo acerca de otra manera de funcionar, que sería mucho más de lo que ahora tenemos disponible? ¿No es curioso cómo puedes tener estas habilidades con las entidades y ni siquiera darte cuenta de ello? Bueno, yo creo que es curioso; tal vez ustedes piensen que es frustrante y extraño.

Cuanto más energético estés dispuesto a convertirte con esto, es decir, que no tiene que tener sentido y ser sólido, será más fácil. Hablar con las entidades puede mostrarse de diversas maneras. El mayor error que encuentro que la gente comete es que asumen que comunicarse con las entidades será como comunicarse con personas encarnadas. A veces puede mostrarse de esa forma, pero yo diría que es la forma menos común de que se muestre. En gran parte, no será un sentido de comunicación verbal, será más como una descarga. Puede ser tan rápido como un relámpago; de pronto, tendrás toda la información. Es mucho más rápido de lo que nos comunicamos en esta realidad. Ésta es la razón por la que la mayoría de la gente piensa que no lo están recibiendo. No es que no lo estén captando, es que es realmente rápido.

Respuesta: Esa es la cuestión: nunca capto ninguna palabra.

Shannon: ¿Es que nunca captas ninguna palabra o que se manifiesta de una forma con la que no estás familiarizado?

Respuesta: Correcto, ¿cómo voy a empezar a entender lo que capto?

Shannon: Bueno, antes que nada, es una cuestión de confiar en ti mismo y, como he dicho, cuanto más lo hagas, más fácil será. También, en mi caso, yo sé que cuando están tratando de comunicarme algo, me harán sentir sus sentimientos o me darán olores o sabores. Hay tantas maneras en las que se puede manifestar; es sólo cuestión de empezar a reconocer lo que son esas cosas cuando se manifiestan. La manera en que se manifiesta tiene que ver con la entidad lanzando el mensaje. Algunas son buenos comunicadores y otras no, tal como la gente.

Pregunta: ¿Qué les pasa a las entidades cuando no están con nosotros? ¿En dónde están? ¿Dónde está la tierra de las entidades?

Shannon: Uh, esa es una gran pregunta, que, honestamente, no estoy segura de que pueda contestar del todo. La parte engañosa de percibir cómo es su mundo es que no tiene el mismo tipo de realidad tiempo y espacio que tenemos aquí. Así que, sólo piensa por un instante cómo sería nuestro mundo, cómo se vería y se sentiría si no tuviéramos el tiempo como lo conocemos; es decir, que las cosas no pasaran secuencialmente a través del tiempo, sino simultáneamente, todas a la vez. Después, imagina también que la forma en que te relacionas con el espacio fuera completamente diferente o que no hubiera espacio en absoluto; es decir, que tu relación con las cosas en el espacio fuera diferente. No tendrías más una distancia mensurable entre ti y los demás. No habría arriba y abajo, izquierda y derecha, sólo espacio indefinible. Si puedes aproximarte a percibir cómo es eso, entonces estarías cerca de percibir dónde están y cómo es para ellas.

Respuesta: Ok, es como alucinante. (Risa.)

Pregunta: Mi terapeuta murió el año pasado y me puse triste cuando murió. ¿Mi tristeza está tratando de bloquearlo?

Shannon: Bien, buena pregunta. Vamos a ir directo a esto, ¿sí? Porque él está aquí ahora. ¿Te gustaría hablar con él?

Respuesta: Mmmm, sí, creo que sí.

Shannon: Ok, les voy a dar algunas herramientas para que puedan hacer esto que están haciendo conmigo por su cuenta. Vamos a empezar por pedirle que tome tu mano. Quisiera que lo miraras y que seas consciente de lo que está transmitiendo.

Respuesta: Bien, ok, me siento más ligero.

Shannon: ¿Podrías verlo más, por favor, y permitirle que esté aquí contigo como antes?

Respuesta: Sí.

Shannon: El gran malentendido aquí es que, cuando alguien muere, se va para siempre, definitivamente, adiós, nunca más te volveré a ver. Eso sencillamente no es verdad. Para ser honestos, significa muy poco que su cuerpo haya muerto. Todavía está aquí, y en este caso, aún es bastante capaz de estar para ti como estaba antes en tu vida; sólo tienes que ser capaz de recibir de una forma distinta. No se ha ido para siempre, está aquí mismo con nosotros ahora en esta sala y está sosteniendo tu mano. Y por la energía que estás comenzando a emitir, ésta es la primera vez que realmente has recibido de él desde su muerte. ¿Cómo se siente esto?

Respuesta: Increíble, nunca había sentido algo así. Siento como si tuviera escalofríos de calor corriendo por todo mi cuerpo y como si todo se volviera cada vez más ligero.

Shannon: Lindo, continúa yendo con eso. Ahora que tienes idea de cómo sintonizarte con él, puedes jugar intensificando la conexión tanto como quieras. ¿Es claro para ti que él está aquí ahora?

Respuesta: Sí, creo que sí.

Shannon: Tienes suerte, es un ser claro. Puede comunicarse muy bien, lo cual no es el caso con todas las entidades.

Pregunta: Tengo una amiga que se suicidó hace unos años y estaba feliz por ella porque sentí como que estaba en un mejor lugar, pero sabía que aún no se había ido; todavía podía sentirla cerca. Entonces, hace tres meses, una vez, a medianoche, me desperté de repente y mi novio volteó y habló, pero la voz de ella salió y me llamó con un nombre que sólo ella usaba y dijo: "Ya me voy", y se fue. ¿Crees que ya se fue?

Shannon: Sí.

Pregunta: Entonces, ¿podemos mantener a las entidades estancadas aquí, como su amiga que se suicidó? ¿Podemos impedir que las entidades pasen a otra cosa con nuestras emociones y demás cosas?

Shannon: Sí, y eso es exactamente lo que ocurrió con su amiga, porque fue un suicidio y todo mundo adoptó un punto de vista: "¡Oh, es terrible!" Cuando la muerte de alguien es muy dramatizada, puede mantener al ser estancado y no claro con respecto a sus elecciones.

Preguntas: ¿Y qué hay de los animales?

Shannon: Sí, cuando vuelves significativa a una mascota, se quedará porque oye tu petición y quiere honrarla. Si quieres que vuelva como tu mascota o percibes que quiere volver y ser tu mascota, entonces pídele que lo haga. Lo más probable es que regrese si te quería.

Algunos de ustedes empezarán a notar las cosas de manera diferente. Si realmente desean mejorar sus habilidades para percibir a las entidades, pueden hacer este ejercicio. Cuando estén en la cama esta noche, sólo relájense. Conscientemente bajen sus barreras, ya que, aunque la gente sea consciente de ello o no, tienden a levantar barreras a las entidades. Conscientemente bajen sus barreras y comiencen a percibir lo que hay ahí afuera. Empiecen a hacer preguntas como: "¿Hay alguna entidad aquí a quien le gustaría hablar conmigo?" Hacer preguntas te permitirá tener la consciencia.

Si no funciona esta noche, intenta otra vez mañana. Elige una hora en la que esté tranquilo y puedas sentarte y sintonizarte.

(A un participante de la clase): Tú lo hiciste y ¿qué sucedió?

Participante de la Clase: Primero, permíteme decir que solía tener la actitud de que todas las entidades eran aterradoras y estaban en contra mía. Cuando hice lo que Shannon dijo, ¡fue maravilloso! Capté sus nombres y que estaban ahí para apoyarme y que me han estado apoyando toda mi vida. Cambió completamente mi perspectiva de las cosas. No me dan miedo las entidades; de hecho, ahora estoy más dispuesto a recibir a aquellas que están ahí para apoyarme: ¡es increíble! Gracias, Shannon.

Pregunta: Hago limpiezas de entidades y se me dificulta percibir si se van o no.

Shannon: Si estás diciendo las palabras, está sucediendo. Me tomó algo de tiempo desarrollar realmente una sensibilidad al respecto. Así que, si continuas, se desarrollará también en ti.

Lo que empecé a notar con las liberaciones de entidades es que estaba en una habitación y decía: "Tal vez hay algo aquí, voy a intentarlo y veré cómo funciona." Hacía la limpieza y entonces notaba que yo tomaba una respiración profunda. Esa era una indicación de que algo acababa de suceder. Sólo empieza a preguntar: "¿Qué estoy captando aquí?" Reconoce las energías sutiles.

Pregunta: Acabo de comprar una granja y a veces se siente densa, y me pregunto por qué la compré. ¿Necesito liberar entidades en la propiedad?

Shannon: Sí, definitivamente límpialas. Puedes pedir a las que van a facilitar para ti con respecto a la propiedad, que se queden y todas las demás se tienen que ir. Sé exhaustivo y usa tus herramientas.

Pregunta (Niño pequeño): Me da miedo la oscuridad en mi casa.

Shannon: ¿Te dan miedo todas las habitaciones de tu casa o sólo algunas?

Niño: El pasillo que conduce a una habitación, principalmente. Si voy al cuarto de mi hermano, enciendo la luz y miro detrás de la puerta y en todos los armarios.

Shannon: Ahí hay dos partes. Número uno: sí, estás percibiendo entidades y energías. El tema es que, a veces, seguirás sintiendo miedo. Algunas veces, todavía me da miedo, pero he aprendido a no permitirle que gobierne mi vida. A veces, las entidades que te asustan necesitan tu ayuda, así que, ¿estarías dispuesto a ayudarlas?

Niño: Ok.

Shannon: Si puedes empezar a preguntar cuáles son las energías ahí que son juguetonas y agradables, pide compañeros de juego. ¿No sería grandioso que te pudieras divertir con esto en vez de asustarte? Entonces, ¿estarías dispuesto a ser el líder de una consciencia mayor en torno a las entidades en tu familia?

Niño: Mmm... sí.

Shannon: Entonces, se trata de abrir las puertas de acceso a estas energías. Apenas estamos comenzando, y quienes elijamos tener esto, seremos el principio del cambio de la consciencia en la Tierra.

La ciencia nos dice que todo en el universo está hecho de energía, y que todo está hecho de moléculas vibratorias: tus pensamientos, sentimientos, emociones y tu cuerpo.

Empieza a percibir las moléculas que conforman todo, y después, comienza a percibir el espacio entre las moléculas.

Tú eres el espacio entre las moléculas, y si estás dispuesto a ser el espacio entre las moléculas, entonces te darás cuenta de que todo está dentro de ti. Tú no eres el efecto de las cosas: tú afectas las cosas. Todo puede cambiar si estás dispuesto a ser tú y cambiar el mundo.

Entonces, la consciencia del universo estará más disponible para ti. Tu mayor empoderamiento es tu consciencia. Cuanto más consciente seas, más te empoderará, despertará, iluminará y creará una posibilidad más grandiosa en todo y todos. La única cosa que está creando anticonsciencia aquí en el planeta son las elecciones que la gente está haciendo.

Bien, ahora que nos acercamos al final de la clase, chicos, ¿pueden regalar toda la energía que se requiera a todas las entidades que están aquí para facilitarles? Gracias.

Genial, y ahora, desconéctense de todas ellas y agradézcanles y díganles que pueden irse.

Muchas gracias a todos por participar esta noche y gracias por estar dispuestos a tener otra posibilidad con las cosas.

Clase: Gracias, gracias, gracias.

Información

Para más información sobre Shannon O'Hara y Access Consciousness, por favor visita una de las páginas siguientes:

www.TalkToTheEntities.com
Escanear para mayor información

www.AccessConsciousness.com
Escanear para mayor información

www.ingramcontent.com/pod-product-compliance
Lightning Source LLC
Chambersburg PA
CBHW011746220426
43667CB00019B/2917